철학, 도시를 디자인하다 2

20세기 비엔나에서 고대 아테네까지
유럽으로 떠나는 2500년 서양 철학 이야기!

철학, 도시를 디자인하다 2

초판 인쇄 · 2008년 11월 15일 ┃ 초판 발행 · 2008년 11월 20일
지은이 · 정재영 ┃ 펴낸이 · 홍석 ┃ 펴낸곳 · 도서출판 풀빛
기획위원 · 채희석 ┃ 책임편집 · 최양순 ┃ 디자인 · 마루한 ┃ 마케팅 · 양정수, 김명희, 홍성우

등록 · 1979년 3월 6일 제8-24호 ┃ 주소 · 120-818 서울시 서대문구 북아현 3동 177-5
전화 · 02-363-5995(영업), 02-362-8900(편집) ┃ 팩스 · 02-393-3858
전자우편 · pulbitco@hanmail.net ┃ 홈페이지 · www.pulbit.co.kr

ⓒ 정재영, 2008

ISBN 978-89-7474-432-8 04160
      978-89-7474-430-4 (세트)

이 책의 국립중앙도서관 출판시도서목록(CIP)은 e-CIP 홈페이지(http://www.nl.go.kr/cip.php)에서
이용하실 수 있습니다. (CIP제어번호: 2008003419)

철학, 도시를 디자인하다

20세기 비엔나에서 고대 아테네까지
유럽으로 떠나는 2500년 서양 철학 이야기!

2

정재영 지음

1

2

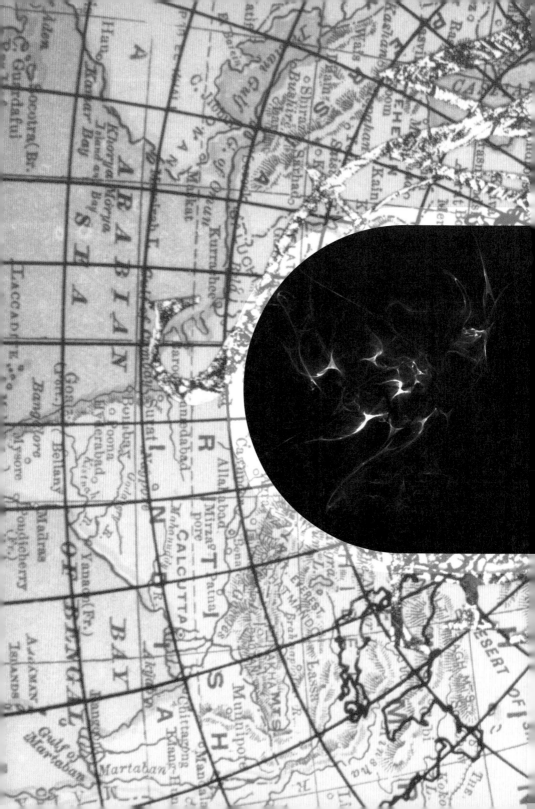

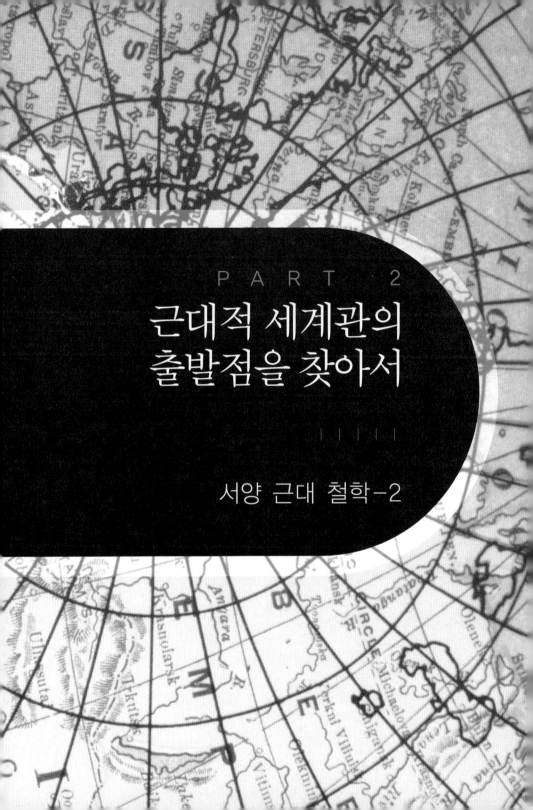

PART · 2

근대적 세계관의
출발점을 찾아서

서양 근대 철학-2

러 시 아 Russia

라트비아

리투아니아

■ 퀴니히스베르크
(칼리닌그라드)

폴란드

벨로루시

7 계몽의 철학적 주춧돌을 완성하다 :: 쾨니히스베르크

"사파레 아우데(Sapere aude)!"

칸트는 근대정신을 이 한마디로 요약했다.

'아는 것을 두려워하지 말라' 는 뜻이다.

누군가에게 의존하려 하지 말고,

그 어떤 권위에도 의지하지 말고,

내 스스로 아는 것을 두렵게 생각하지 말라고 외쳤다.

인간이 가진 이성을 사용하는 데 용기를 가지라고 했다.

칸트는 그 스스로도 자신의 가르침대로 살았다.

그 점에서 칸트는 계몽 시대 끝자락에 위치한

위대한 '계몽의 인간' 이다.

칸트 철학은 가장 철저한 계몽의 철학이다.

1 :::::

그는 평생 쾨니히스베르크에서 살았다. 태어나서 죽을 때까지 단 한 번도 이 도시를 떠나지 않았다. 이곳에서 그의 일상은 마치 시계 같았다.

오전 5시에 기상. 차 두 잔을 마시고 파이프 담배 한 대를 피운다. 잠옷과 덧신을 신은 채 오전 7시까지 강의 준비. 7시부터 9시까지 강의. 9시부터 오후 1시까지 집필. 오후 1시에 정장 차림으로 방문객을 맞는다. 손님과 담소를 나누며 점심 식사. 오후 3시 반에 보리수 늘어진 산책로를 걷는다. 모두 여덟 차례 왕복하고 난 뒤, 집으로 돌아와 독서를 한다. 그리고 밤 10시에 취침.

주민들은 산책 길에 나선 그를 보고 시간을 짐작했다고 한다. 자신들이 가진 시계의 시간을 고쳤다는 이야기도 있다. 쾨니히스베르크의 인간 시계 노릇을 한 이 사람은 철학자 임마누엘 칸트다.

그의 철학을 '서양 철학의 저수지'라고 한다. 그 이전의 서양 철학을 형성한 여러 갈래의 물줄기가 칸트 철학이라는 큰 저수지에서 만나고, 그 이후의 모든 서양 철학의 물줄기 역시 칸트 철학에서 비롯되었다는 뜻이다.

사람들은 칸트에게서 전형적인 철학자의 이미지를 읽는다. 그는 159센티미터의 작은 키에 병약했지만 장수했다. 그가 태어난 도시에서 평생 160킬로미터 이상 벗어나지 않은 우물 안 개구리처럼 살았지만, 세계 평화에 관심이 높았다. 그의 일상은 시계처럼 규칙적이고 단조로웠지만, 사람들과 어울려 담소하기를 좋아했고 유머 감각도 뛰어났다. 그가 쓴 철학 책은 난해한 용어와 복잡한 추론으로 사람을 질리게 하지만, 그가 내린 결론은 항상 상식적이었다.

그 때문인지 칸트는 철학자의 모범으로 자주 그려진다. 특히 그의 제자들이 기록한 칸트 전기들이 그런 편이다. 쾨니히스베르크 시민들이 칸트를 보고 시계를 3시 반에 맞추었다는 대목은 그냥 애교로 넘어가자. 그러나 그가 훌륭한 철학자가 된 이유 중의 하나로 결혼을 하지 않고 독신으로 살았다는 대목을 읽다 보면 제자들의 칸트 숭배가 매우 중증이라는 생각이 든다.

한 가지만 딱 짚어 보자. 시계보다 더 정확했다는 칸트는 아침 5시가 되면 저절로 눈을 떴을까? 아니다. 그를 깨워 주는 사람이 있었다. 마르틴 람페라는 이름을 가진 하인이었다. 밤 10시에 칸트를 잠자리에 들게 하는 이도, 또 1시에 시작하는 오찬(칸트는 하루에 식사를 한 번 했다)을 준비하는 것도 그의 몫이었다. 칸트가 잠자리에 들기 전에 깃 펜을 칸트가 지정한 곳에 배치하는 것이 람페의 마지막 하루 일과였다.

칸트를 존경한 독일 시인 하이네가 쓴 한 책에는 오후 3시 반의 칸트 산책에 대한 기록이 나온다. 회색 연미복을 차려입고 지팡이를 든 칸트는 산책 코스를

칸트(왼쪽에서 세 번째)는 하루에 한 끼 식사를 했다고 전해진다. 그는 오후 1시에 손님을 초대해 담소하면서 오찬을 즐겼다. 그림 맨 왼쪽에 서 있는 이가 칸트의 하인 람페다.

항상 여덟 번 왕복했다고 한다. 하이네는 "철학자의 산책은 1년 사시사철 중단되지 않았으며, 날씨가 흐리거나 비가 올 때는 늙은 하인 람페가 긴 우산을 팔에 끼고 불안한 모습으로 칸트의 뒤를 따랐다"고 적고 있다.

프로이센 퇴역 군인이었던 람페는 20년간 시계 같은 철학자 칸트의 시계 노릇을 했다. 람페는 1802년 분명하지 않은 이유로 해고되었는데, 당시 람페에 대한 동정론이 약간 일었던 것 같다. 하지만 새로운 하인이 곧 채용되었고, 그는 잊혀진 사람이 되었다.

이야기 첫 대목부터 칸트의 하인 람페를 거론한 것은 존경받아 마땅한 철학자 칸트를 흠집 내기 위해서가 아니다. 칸트의 철학 책이 왜 그렇게 난해한지, 그 이유를 짐작할 만한 단서를 여기서 찾아볼 수 있기 때문이다.

칸트는 47세에 쾨니히스베르크대학의 정교수로 부임했고, 그 얼마 뒤에 집안일을 할 하인으로 람페를 고용했다. 그러면 그 전에는? 하인을 둘 만한 처지가 아니었다. 그때까지 칸트는 사강사 신분이었다. 사강사는 지금의 대학 강사를 떠올리면 크게 틀리지 않다. 사강사는 시급으로 강의료를 받기 때문에 경제적인 형편이 좋지 않았다. 그래서 사강사는 귀족 자녀들을 가르치는 가정교사를 하는 경우가 많았다. 15년간 사강사 생활을 한 칸트도 쾨니히스베르크대학 교수가 되기 전까지 세 번의 가정교사직을 가졌다.

그렇다면 우리가 머릿속에 떠올리는 철학자 칸트의 모습은 쾨니히스베르크 교수 시절인 만년의 칸트다. 가정교사 시절의 칸트는 스스로 짜 놓은 일정표에 맞추어 시계처럼 생활을 하고 싶어도 그럴 수 없었을 것이다. 그는 람페처럼 주인집 자녀의 시간표에 맞추어 움직여야 했을 것이다.

칸트와 그 이전의 철학자 사이에는 그들이 살아가는 방식에 큰 차이가 있다.

독신으로 살았느냐, 아니면 결혼 생활을 했느냐 하는 문제가 아니다. 그것은 칸트 이전에는 철학을 직업으로 삼은 철학자가 없었다는 점이다. 시쳇말로 하자면 칸트는 프로 철학자고, 그 이전의 철학자는 아마추어 철학자다. 데카르트는 채권 이자로 살아간 금리 생활자였고 스피노자는 유리알을 닦아서 생활비를 마련한 고단한 노동자였지만, 칸트는 대학의 철학 교수였다. 라이프니츠와 흄은 여러 직업을 전전했지만, 칸트는 쾨니히스베르크대학이 그의 첫 직장이자 마지막 직장이었다.

이 점은 칸트 이후의 철학자들과 칸트 이전 철학자들의 책에 큰 차이가 나타나는 하나의 원인으로 작용한다. 칸트 이전의 아마추어 철학은 일단 접근하기가 쉽다. 특히 데카르트의 《방법 서설》 이후에 나타난 철학 책들은 특별한 철학적 배경 없이도 이해할 수 있도록 쉽게 씌어진 책들이 많다. 흄이 쓴 《인성론》도 그렇고, 루소가 쓴 《에밀》도 그렇다. 논리 전개는 치열하지만, 현학적인 철학 용어는 등장하지 않는다. 그래서 수필이나 소설과 같이 사람들을 빨아들이는 흡인력이 있다. 칸트 이전의 근대 철학자들은 딱딱한 철학 논문을 쓴 것이 아니라, 지성을 자극하는 철학 에세이를 썼다고 생각해도 아주 크게 틀린 말은 아닐 것이다.

그러나 직업 철학자 칸트와 그 후에 등장하는 철학자들의 글쓰기는 다르다. 학술 논문에서 많이 나타나는 딱딱하고 건조한 글이다. 정확한 뜻을 전달하기 위해 용어를 세심하게 선택하고, 만일 그 글에서 사용하는 말이 일상적인 뜻과 다르다면 그 용어에 대한 정의를 분명하게 내리거나, 경우에 따라서는 신조어를 만든다. 그러다 보니 글이 딱딱하고 건조하다. 또한 오독의 여지를 없애기 위해 자세하게 부연 설명을 하다 보니 문장은 길어진다. 강한 메시지를 전달하는 것이 그 목적이 아니기 때문에 압축과 생략, 그리고 장식적인 표현은 권장 사항이 아니라 금기 사항이다.

나는 칸트가 근대 서양 철학의 저수지 역할을 하는 대철학자가 된 것이 독신 생활과는 큰 상관이 없다고 생각한다. 시계처럼 규칙적인 생활을 한 것과는 관련이 있겠지만, 그보다는 안정적인 생활 기반을 갖추고 있었다는 점이 더 큰 도움이 되었다고 본다.

많은 이들이 지적하는 바와 같이, 칸트는 대기만성형 철학자다. 그의 대표 저서인 《순수 이성 비판》 초판(1781년)년이 나온 것은 그가 57세 때였다. 그 밖에 칸트의 주요 저서는 거의가 60대에 쓰어진 것이다.

칸트 이전의 철학자는 대부분 3, 40대가 학문의 절정기였다. 데카르트가 그랬고, 스피노자가 그랬고, 칸트에게 큰 영향을 주었던 라이프니츠는 약관의 나이에 이미 유명 인사였다. 그들은 여러 학문에 두루 재능을 발휘한 만능인이었으며, 젊은 나이에 명성을 떨친 조숙한 천재들이었다. 흄은 20대에 《인성론》을 썼다. 흄의 철학이 사실상 《인성론》을 확대한 주석서라는 점을 감안한다면, 그의 경험주의 철학은 20대에 완성되었다고 보아도 그리 틀린 이야기는 아닐 것이다.

칸트가 젊은 날에는 우둔했다는 이야기는 물론 아니다. 다른 학문 분야에는 관심을 기울이지 않고, 오로지 철학 한 우물만 팠다는 이야기도 아니다. 근대 지식인들이 그러했듯이, 칸트도 과학에 관심이 높았다. 그는 몇 편의 과학 논문도 남겼다. 그 중에는 원시 태양계는 천천히 자전하는 거대한 가스의 성운이었다는 태양계의 기원을 밝힌 논문이 가장 유명하다. 혹성의 기원에 관한 최초의 과학적 조망으로 평가되는 이 주장에는 '칸트-라플라스 성운설'이라는 이

강의하는 칸트. 쾨니히스베르크대학의 칸트 강의는 항상 인기를 모았다.

름이 붙어 있다. 라플라스는 칸트의 주장을 더 발전시킨 프랑스의 수학자 겸 천문학자다.

칸트를 대기만성형 철학자라고 부르는 이유는 젊은 시절의 칸트보다 노년 시절의 칸트가 더 뛰어난 학문적 성취를 이루었기 때문이다. 그 분기점이 《순수 이성 비판》이다. 《순수 이성 비판》을 내놓은 이후의 칸트 철학을 '비판 철학'이라고 부른다. 그 이전의 칸트 철학은 그냥 '비판 이전' 철학으로 불린다.

2 ·····

성실하기로 둘째가라면 서러워할 칸트는 비판 이전의 철학에서 비판 철학으로 넘어오기까지 10년이 넘도록 논문 한 편 내지 못했다. 오랜 침묵을 깨고 칸트가 세상에 발표한 《순수 이성 비판》은 800쪽이 넘는 대작이다. 양도 양이지만, 한 줄 한 줄이 암호문같이 난해하다. 글은 전형적인 만연체로, 어떤 문장은 한 페이지가 넘어도 끝나지 않는다. 칸트와 거의 같은 시대를 살았던 동프로이센의 낭만주의 시인이자 철학자인 헤르더가 표현한 대로, 그것은 '깨뜨릴 수 없는 딱딱한 호두 껍질' 같았다.

이후 칸트는 《순수 이성 비판》을 새롭게 고쳐 썼다. 6년 뒤, 그 재판이 나왔다. 그 사이에 《순수 이성 비판》에 대한 해설서도 한 권 내놓았다. 흔히 《프롤레고메나》라고 불리는 책이다. '프롤레고메나'는 서설이라는 뜻이다. 원제목을 풀어서 말하면, '과학적 학문이 될 수 있는 한 미래의 형이상학에 대한 서설'이라고 할 수 있다.

《프롤레고메나》가 칸트의 비판 철학에서 차지하는 위치는 데카르트의 《방법 서설》이 데카르트 철학에서 차지하는 위치와 비슷하다고 할 수 있다. 순서는 바뀌었다. 데카르트는 그의 철학 체계를 집대성한 《철학의 원리》를 내놓기 전에 서설을 먼저 내놓았다면, 칸트는 그의 철학 체계를 먼저 집대성한 후에 서설을 내놓았다.

칸트 철학이 밟아 나간 수순은 흄의 철학이 밟아 나간 수순과도 정반대였다. 《순수 이성 비판》을 내놓으면서 칸트는 형이상학의 문제를 모두 해결했고, 마침내 새로운 형이상학의 집을 지었다고 자부했다. 흄은 《인성론》을 내놓으면서 오랜 골칫거리였던 형이상학을 완전히 불태워 버렸다고 자신했다. 그러나 두 권 모두 처음에는 세상의 관심을 끌지 못했다는 공통점이 있다. 아무도 풋내기 20대 청년 흄의 선동적인 책을 펼쳐 들려고 하지 않았다. 흄의 표현대로라면 그 책은 인쇄기에 걸린 채 죽어서 세상에 나왔다. 그 후 흄은 《인성론》에 체계의 옷을 입혔다. 그러면서 자신의 철학을 전파했다.

한편 50대 후반의 칸트가 쓴 《순수 이성 비판》은 너무 난해하고 건조해서, 그 책을 끝까지 읽는 이가 없었다. 칸트는 무척 실망했다. 그 후 그는 《순수 이성 비판》을 간추리고, 잘 포장해서 세상에 알리기 시작했다. 《프롤레고메나》는 바로 그런 목적에서 씌어진 책이었다.

프롤레고메나라는 말에는 '서설'이라는 뜻 외에 '논쟁'이라는 뜻도 들어가 있다. 흄의 책을 읽고 난 뒤 '독단의 잠'에서 깨어났다는 칸트의 고백도 《순수 이성 비판》이 아니라 《프롤레고메나》에 나온다. 왜 자신이 이성에 의한 이성의 비판을 시도했는지, 그리고 그것이 어떤 의미를 담고 있는지, 난해하게 보이는 그의 철학을 간명하게 정리하면 어떻게 설명할 수 있는지, 그러한 물음에 대한 일종의 홍보용 책자라고 하면 너무 지나칠까. 다행스럽게도 칸트의 이러한 노력으로 우리는 몇 가지 간명한 물음만으로도 칸트 철학의 전체 내용을 짐작할 수 있다. 그가 서양 철학의 저수지 역할을 어떻게 했는지 단서를 잡아낼 수 있다.

이번 여행의 주제는 칸트라는 한 철학자를 통해서 본 '계몽의 자기 성찰'이다. 2부의 큰 주제로 살펴본 근대 프로젝트의 마지막 편에 해당된다고도 할 수 있다. 우리는 이번 칸트 철학 여행을 통해서 데카르트 이후에 시도된 '이성의 기획'으로서의 계몽이 얼마나 오만한 얼굴을 가지고 있었는지, 흄이 시도한 '경험의 기획'으로서의 계몽이 무너뜨린 형이상학이 어떻게 다시 태어날 수 있었는지 추적한다. 그리고 마침내 르네상스에서 내 눈으로 세상을 보기 시작한 근대적 인간이 어떻게 그 어느 것에도 의지하지 않는 계몽의 인간으로 우뚝 섰는지에 대해서도 추적한다.

칸트는 이성의 기획과 경험의 기획이 자신이 제창한 '비판 철학'의 저수지에서 만날 수 있다고 믿었다. 그는 자신이 살고 있는 시대가 이성의 시대가 아니라 비판의 시대라고 규정했다. 우리가 알 수 있는 것이 무엇인지, 지식의 한계를 비판적으로 살펴보고자 했고, 우리가 마땅히 해야 할 것이 무엇인지를 정초定礎하고자 했다. 그 토대 위에서 우리가 희망을 걸어야 할 것을 조망했다. "나는 무엇을 알 수 있는가", 그것은 '제1비판'이라고도 불리는《순수 이성 비판》을 관통하는 물음이다. "나는 무엇을 마땅히 해야 하는가", 그것은 그가 64세에 쓴 '제2비판'인《실천 이성 비판》의 주제다. 그리고 "나는 무엇에 희망을 거는가", 그것은 그가 66세에 쓴 '제3비판', 《판단력 비판》의 화두다.

3 ·····

칸트 철학에서 하나의 핵심 단어를 끄집어내면 무엇일까? 3대 비판서 책 제목에 이미 그 답이 나와 있다. 그것은 '비판'이다. 그렇다면 무엇을 비판하는가? 그것도 이미 책 제목에 나와 있다. '이성'이다. 그러면 누가 이성을 비판하는가? 그것은 제목에 나와 있지 않다.

흄 철학에서 이성을 비판하는 자는 '경험'이었다. 흄의 경험주의 재판정에서는 이성에 기초한 형이상학을 불에 태워 버리는 화형이 선고되었다. 그것은 이성에 대한 사형 선고나 마찬가지였다.

그렇다면 칸트 철학에서 이성을 비판하는 자는 누구인가? 그것은 뜻밖에도 이성 자신이다. 이성이 이성을 비판한다? 그렇다. 그것이 칸트 비판 철학의 요체다. 칸트는 《순수 이성 비판》에서 이렇게 말한다.

> "모든 순수 이성의 철학이 가지고 있는 최대의, 그리고 아마 유일한 효용은 오직 부정적인 것일지도 모른다. 왜냐하면 그것은 기관으로서 이성 능력의 확장에 기여하는 것이 아니라 규율로서 이성 능력의 한계 규정에 기여하기 때문이며, 또 진리를 발견하는 대신에 오류를 막는 조용한 일을 행하기 때문이다."

칸트의 주장에 따르면, 이성의 요체는 진리를 발견하는 것이 아니다. 이성의 빛으로 세계의 모든 비밀을 밝히겠다는 이성에 의한 '계몽의 기획'은 이성의 가장 큰 효용이 아니다. 그보다는 조용하게 오류를 막는 것이 이성의 원래 기능이다. 이성이 절대화될 때 이성은 절대적으로 부패한다. 그는 《순수 이성 비판》에서 이성의 부패를 이렇게 말했다.

> "사람이 자신의 자연 연구를, 그것이 어느 곳까지 도달했든 간에 전적으로 완성된 것으로 보고, 따라서 마치 이성이 할 일을 완전히 성취한 듯이 이성을 휴식하도록 하는 원리는 어느 것이나 부패한 이성이라고 할 수 있다."

이성은 끊임없이 비판하는 정신이다. 이성이 어느 지점에서 멈춰 설 때, 그 이성은 이미 부패한 것이다. 어떤 권위 앞에서도, 아무리 완벽해 보이는 것 앞에서도, 이성의 비판은 살아 움직여야 한다. 그것이 이성의 요체다. 이성이 비판을 멈출 때, 이성은 부패한다.

칸트는 이성을 중시하는 합리주의 계열의 철학자로 출발했다. 젊은 칸트에게 가장 큰 영향을 끼친 철학자는 데카르트, 스피노자와 함께 근대 합리론의 3대 거목으로 꼽히는 라이프니츠였다. 라이프니츠는 천재들이 유난히 많았던 근대 초기의 만능인 중에서도 맨 윗자리에 놓아야 할 만큼 천재성을 유감없이 드러낸 학자다.

그가 손을 대지 않은 학문은 거의 없다. 그리고 대부분 해당 분야에 큰 영향을 끼쳤다. 계산기와 미적분 발명은 그 작은 예다. 오늘날 컴퓨터 과학을 탄생시킨 2진법을 개척한 이도 라이프니츠다. 이 자신만만한 천재는 철학 분야에서도 낙관주의로 유명하다. 그는 라틴어와 프랑스어로 씌어진 수만 장의 원고와 편지를 남겼다고 하는데, 아직까지 그의 저술은 모두 출판되지 않았다. 또한 그의 사상 전체를 조망한 본격적인 연구는 아직도 제대로 이루어지지 못했다고 해야 할 만큼 경이로운 인물이다.

라이프니츠는 유럽의 주요 언어뿐 아니라 라틴어, 희랍어 등 고대 언어에도 능통했다. 14세에 라이프치히대학에 입학해 20세에 학업이 끝났지만, 나이가 너무 어리다는 이유로 이 대학에서 학위를 받지는 못했다. 합리주의 계열의 철학자로 분류되기는 하지만 데카르트와는 달리 아리스토텔레스의 철학적 전통을 지지했으며, 뉴턴의 만유인력 법칙에도 이의를 제기했다.

데카르트 철학과 뉴턴 과학을 높이 평가한 계몽사상가들은 라이프니츠를 곱게 보지 않았다. 프랑스의 계몽사상가 볼테르가 쓴 풍자 소설 《캉디드》에는 전세계 언어에 능통하다는 낙천주의 철학자가 등장한다. 이 사람의 이름은 팡글로스 박사로, 라이프니츠가 그 모델이다. 뉴턴을 깊이 존경한 볼테르는 뉴턴 과학을 비판한 라이프니츠에게서 궤변만 일삼는 위선자의 모습을 보았던 것이다. 뉴턴과 라이프니츠는 비슷한 시기에 미적분과 계산기를 발명했다. 검증 결과 두 사람은 저마다 독창적으로 그 원리에 도달한 것으로 밝혀졌지만, 겸손한 뉴턴이 사람들의 존경을 받은 것에 비해 라이프니츠는 자신의 재주만 믿고 나대는 위선자 팡글로스 박사의 이미지로 낙인찍혔다.

라이프니츠의 철학은 그의 열렬한 신봉자 볼프에 의해 속류화되어 독일에서 크게 유행했다. 그러나 그것은 라이프니츠에게 행운이 아니라 불행이었다. 어떤 점에서 사상가는 그를 불충분하게 이해하는 동지보다는 그를 잘 이해하는 적수를 만나는 편이 나은 법이다. 그런 점에서 라이프니츠는 불행한 사람이었다. 그의 재능은 적수에 의해 희화화되었고, 그의 철학은 동지에 의해 볼품없이 포장되었다.

칸트로 돌아가자. 칸트 철학의 핵심어는 비판이라고 했다. 칸트가 세운 비판 철학의 핵심은 이성에 의한 이성의 자기비판이었다. 이성이 자신이 이룬 성과에 만족해서 멈춰 설 때, 이성은 부패한다고 했다. 이성이 자신이 이룬 성과에 취해서 비판을 허용하지 않는 것, 그것을 칸트는 '독선'이라고 불렀다. 독선은 자신만이 옳다고 주장하는 것이다. 그 어떤 것에도 비판을 허용하지 않는 무오류를 주장하는 것이다. 칸트는 젊은 시절, 그러한 독선의 잠에 깊이 빠져 있었다고 고백했다.

그런데, 잠깐! 그러한 비판 정신을 강조하는 것이 칸트의 전유물은 아니다. 그것은 철학의 고유 속성이다. 그런 점에서 모든 철학은 기본적으로 비판 철학이 될 수밖에 없다. 모두가 당연하게 여기는 것을 당연하지 않다고 여기는 데서 철학이 출발하는 것 아닌가? 그 어떤 권위에도 무릎 꿇지 않고 비판하는 데 철학의 생명이 있는 것 아닌가? 비록 이성의 자기비판이라는 형식이 독특하기는 하지만, 그렇다고 그것이 칸트 철학이 다른 철학과 구별되는 배타적 차별성이 되지는 못한다.

칸트 철학을 특징짓는 또 하나의 핵심어가 있다. 이번에는 좀 딱딱한 철학 용어다. 그것은 '선험적'이라는 말이다. 보통 칸트 철학을 '비판 철학' 또는 '선험 철학'이라고 부른다. 어떤 철학 사전에서는 그 둘을 동의어로 보기도 한다. 그럴지도 모른다. 칸트 철학에서 그 둘은 하나처럼 되었다. 단지 비판이 이성과 관련된 것이라면, 선험은 경험과 관련된 것이다.

선험적이라는 말이 도대체 무슨 뜻인가? 독일어로 들여다보면 경험을 초월한다는 뜻이 담긴 것 같고, 우리말로 생각하면 경험에 앞선다는 뜻이다. 둘다 정확한 의미는 아니다.《순수 이성 비판》초판의 서문은 이렇게 시작된다.

"의심할 여지 없이 우리의 모든 앎은 경험과 함께 시작한다."

얼핏 보면 경험주의 철학을 설파하는 것처럼 보인다. 그런데 잠시 뒤, 그는 이렇게 말한다.

"비록 우리의 모든 앎은 경험과 함께 시작되지만, 이것이 모든 앎이 경험에서 나왔다는 의미는 아니다."

무슨 뜻인가? 칸트는 안다는 것을 두 종류로 나눈다. 하나는 경험을 통해 아는 것이고, 다른 하나는 경험과는 무관하게 아는 것이다. 여기서 경험과 아무 관계없이 안다는 것은 우리의 감각을 통해서 알게 되는 것이 아니라는 뜻이다. 경험과 아무 관계없는, 또는 경험에서 독립적인 것을 '아 프리오리_a priori_'라고 부른다. 우리말로 보통 선천적이라고 번역한다. 반면에 경험을 통해서 알게 되는 것을 '경험적' 또는 '아 포스테리오리_a posteriori_'라고 부른다. '아 포스테리오리'는 보통 후천적이라고 번역한다. 칸트가 인용한 다음의 예를 보자.

(1) 모든 총각은 결혼하지 않았다.

(1)은 선천적이다. 경험을 통해서 아는 것이 아니기 때문이다.

(2) 모든 총각은 행복하다.

(2)는 경험적 또는 후천적이다. 선천적으로 알고 있는 것이 아니라 우리의 경험을 통해서 아는 것이기 때문이다.

이러한 '선천적-경험적 지식의 구분'과 함께 칸트는 또 하나의 구분을 하고 있다. 그것은 분석적인 지식과 종합적인 지식의 구분이다. 이 구분은 언제 들어 본 것 같지 않은가? 그렇다. 우리의 첫 여행지였던 비엔나 철학 여행에서 분석 판단과 종합 판단을 이야기한 바 있다. 그 최초의 발상자가 칸트다. 분석 판단은 술어에 나오는 내용이 주어에 그대로 나와 있는 판단이다. 앞에 나오는 (1)번, 곧 '모든 총각은 결혼하지 않았다'는 것은 분석 판단이다. 술어 '결혼하지 않았다'는 앎은 이미 '총각'이라는 주어에 포함되어 있기 때문이다. 따라서 (1)번은 선천적이면서, 동시에 분석적이다. 반면에 종합 판단은 술어에 나오는 내용이 주어에 나오지 않는다. (2)번, 곧 '모든 총각은 행복하다'는 것은 종합 판단이다. 그것은 주어를 분석해도 술어에 나오는 내용이 자동적으로 따라 나오지 않기 때문이다. 따라서 (2)번은 경험적이면서 종합적이다.

이렇게 두 종류의 대칭되는 앎이 결합하는 방식은 이론적으로 모두 네 가지일 것이다.

(가) 선천적이면서 분석적인 판단
(나) 경험적이면서 종합적인 판단
(다) 경험적이면서 분석적인 판단
(라) 선천적이면서 종합적인 판단

이 네 가지의 앎 중에서 (가)와 (나)는 이미 살펴보았다. 그러면 (다)는? 그런 종류의 앎은 없다. 경험적이면서 동시에 분석적인 판단은 없다. 모든 분석 판단은 경험과 관계없는 선천적 판단이기 때문이다. 이제 남은 것은 하나, (라)와 같은 선천적이면서 종합적인 판단이다.

"선천적이면서 종합적인 판단이 존재할까?"

이 물음에 답하기 위해서 칸트는 10여 년을 침묵했다. 그는 매일 오후에 산책을 하면서 생각하고 또 생각했을 것이다. 그가 내린 결론은 선천적이면서 동시에 종합적인 판단은 있다는 것이었다. 그러면 선천적이면서 종합적인 판단은 어떤 것일까? 그는 다음과 같은 예를 들었다.

(3) "7+5=12"

칸트의 주장에 따르면, 술어에 나오는 12라는 개념은 주어에 있는 7과 5, 그리고 +의 개념을 분석해서 나오지 않는다. 따라서 이 수학적 지식은 종합 판단이다. 동시에 우리의 지각을 통해서 경험적으로 아는 것이 아니기 때문에 선천적이다. 곧 선천적이면서 동시에 종합적 판단이다. 칸트는 수학을 선천적이면서 동시에 종합적 판단의 성격을 가진 대표적인 지식으로 보았다. 칸트는 다음과 같은 예도 들었다.

(4) 두 점 사이의 최단 거리는 직선이다.

술어에 나오는 '직선'이라는 개념 속에는 '두 점 사이의 최단 거리'라는 개념이 포함되어 있지 않다. 따라서 종합 판단이다. 동시에 그것은 우리 경험과는 무관하기 때문에 선천적이다.

(3)번과 (4)번은 각각 수학의 두 주요 분야, 곧 대수와 기하에서 나온 지식이다. 칸트는 수학적 지식을 선천적이며 동시에 종합적인 지식이라고 보았다. 수학이 선천적 종합 판단이라는 주장을 하고 난 뒤, 칸트는 그 다음으로 자연과학물리학 지식 또한 선천적 종합 판단이라고 이야기한다.

> "자연과학은 그 원리에서 선천적 종합 판단을 포함한다. 나는 단지 그러한 두 판단을 인용하는 것만으로 충분하다고 생각한다: 물질 세계의 모든 변화에서 물체의 양은 변하지 않고 그대로라는 것; 모든 운동에서 작용과 반작용은 항상 그리고 반드시 같아야 한다는 것이 바로 그것이다. 이두 명제는 자명하며, 필요 조건인 동시에 그 근원에서는 선천적이고 종합적이다."

칸트는 수학과 물리학이 선천적 종합 판단에 관한 지식인 것과 같이 형이상학도 선천적 종합 판단이 될 수 있고, 또 그래야 마땅하다고 생각했다. 그 이전의 형이상학은 경험을 철저하게 배제했다. 그래서 '세계는 최초에 그 시작이 있었다' 같은 종류의 비경험적 명제에 관심을 가졌다. 그러나 형이상학이 이성에 바탕을 둔 학문이고, 또 그렇게 되기 위해서는 마땅히 선천적이고 종합적인 판단을 포함해야 한다. 따라서 새로운 학문으로서의 형이상학이 가능한가 하는 것은 결국 선천적 종합 판단이 어떻게 가능한가 하는 점을 보여 주는 것이다.

여기서 잠깐 쉬었다 가자. 나는 여러분이 지금까지 칸트가 펼치는 논리를 잘 따라왔기를 바란다. 지금까지 그의 논증은 《순수 이성 비판》의 '서론' 중에서도 맨 처음 몇 페이지에 불과하지만, 사실상 중요한 대목은 다 나왔다고 나는 생각한다. 여러분 중에는 칸트의 논증에 찬성하는 이도 있고, 또 이의를 다는 이도 있을 것이다. 아마 앞으로 그의 논의가 진행될수록 거기에 점점 빨려 들어가는 사람도 있을 터이고, 만족스럽지 못해서 책을 덮는 사람도 있을 것이다. 물론 점점 난해해지기 시작하는 철학 용어에 숨이 막혀 포기하는 이도 있을 것이다. 그러나 나는 여기서 칸트가 그 이전의 철학이 가지고 있는 문제들을 아주 간명한 물음, 곧 '어떻게 선천적 종합 판단이 가능한가' 하는 문제로 바꾸어 놓는 그의 놀라운 솜씨에 주목하기를 바란다. 이것이 바로 동사로서의 '철학'이다.

나는 철학 전공자가 아니라면 800쪽이 넘는 《순수 이성 비판》을 다 읽을 필요가 없다고 생각한다. 설사 철학 전공자라고 하더라도, 아무리 칸트가 철학의 저수지 역할을 하는 중요한 인물이라고 하더라도, 그 책을 처음부터 끝까지 다 읽어야 한다고 생각하지도 않는다. 그가 제기한 문제와 비슷한 고민을 안고 있는 사람이라면 읽지 말라고 해도 다 읽는다. 결코 어렵다고 생각하지도 않을 것이다. 그러나 그가 제기한 문제에 관심이 없다면, 그것은 고통일 뿐이다. 끝까지 다 읽을 수도 없고, 또 그럴 필요도 없다. 더욱이 그것을 간추려서 요약한다는 것은 불가능할 뿐만 아니라 매우 어리석은 일이다. 단언하건대 그것은 이미 살아 움직이는 동사로서의 철학이 아니다.

철학은 어떤 점에서 복잡하게 보이는 문제를 치열하게 고민해서 하나의 간명한 물음으로 담아내는 것이라고 할 수 있다. 따라서 훌륭한 철학자는 답안지를 잘 쓰는 사람이 아니라, 질문을 잘 던지는 사람이라고도 할 수 있다. 모든 자물쇠를 다 열 수 있는 만능 키같이 모든 철학 문제를 다 풀 수 있는 만능 철학은 존재하지 않는다. 칸트는 그것을 도그마라고 불렀다.

4 ·····

  우리는 지금 칸트가 주장한 선험 철학의 개념을 잡기 위해서 그가 제기한 물음인 '어떻게 선천적 종합 판단이 수학과 과학을 넘어 형이상학에서 가능한가' 하는 문제를 검토하고 있다. 이 대목에서 칸트는 흄과 대적한다.

  칸트는 흄을 경험에서 비롯된 분석 판단과 경험과는 관계없는 종합 판단을 처음으로 구분한 사람이라고 인정한다. 그러나 칸트는, 아쉽게도 흄이 종합 판단이 선천적 판단과 결합할 수 있다는 점을 깨닫지 못했기 때문에 회의론에 빠졌다고 진단한다. 칸트에 따르면, 흄은 형이상학의 문제를 거의 해결할 수 있었던 철학자다. 그러나 흄은 종합 판단이 선천적 판단이 될 수 있다는 점을 인정하지 않고, '원인과 결과의 규칙'을 선천적인 것이 아니라 경험적인 것으로 보았기 때문에 독단론의 반대편에 자리한 회의론으로 빠져 들어갔다고 유감을 표시한다.

  이쯤 되면, 칸트의 의도가 명백하게 드러난다. 그가 공연히 '형이상학에서 어떻게 선천적 종합 판단이 가능한가' 하는 질문을 던진 것이 아니다. 그는 이 질문을 통해 독선에 빠진 합리주의 형이상학을 구하고, 회의에 빠진 경험주의를 구하고자 한 것이다. 돌 하나로 두 마리 새를 잡는 전략이다. 그것은 또 데카르트에서 시작해서 라이프니츠로 이어지는 합리주의 철학의 물줄기와 로크에서 시작해서 흄으로 이어지는 경험주의 철학의 물줄기를 칸트 철학의 저수지로 끌어들이는 것도 된다.

  이제 칸트 철학의 성공 여부는 형이상학에서 선천적 종합 판단이 가능하다는 것을 보여 주어야 하는 문제로 귀결된다. 그는 '선험적'이라는 개념을 개발하고, 이 개념을 무기로 그 이전의 철학을 《순수 이성 비판》으로 소환해서 치열한 전쟁을 벌인다. 《순수 이성 비판》은 어떤 점에서 칸트가 발명한 선험적이라는 개념의 무기를 시험해 본 기록이라고 할 수 있다.

칸트가 곳곳에서 선험적 무기의 성능을 시험했다는 점은 분명하다. 그리고 그 뛰어난 성능에 스스로 감탄했다는 점도 틀림없다. 그는 이것을 '코페르니쿠스적 전회'라고 불렀다. 그가 철학에서 한 일이 코페르니쿠스가 천문학에서 한 일과 비슷하게 세상을 거꾸로 뒤집어 놓았다는 뜻이다.

선험적이라는 개념은 까다롭다. 쉽게 그 개념이 잡히지 않는다. 잡았는가 생각하면 또 빠져나간다. 철학 용어 중에서 가장 정의하기 어려운 개념 가운데 하나가 이 말이다. 많은 칸트 연구가들이 지적하는 대로 칸트 스스로 이 말을 여러 의미로 사용했던 탓도 있다. 그러나 이 개념만큼 후세 철학에 영향을 끼친 개념도 그리 많지 않다. 현상학을 개척한 후설이 가장 대표적인 사람일 것이다.

이 개념은 칸트 철학의 핵심을 이룬다. 정의하기 어렵다고 해서, 그냥 두루뭉수리 넘어갈 수는 없다. 좀 골치 아프더라도, 그리고 금방 손에서 빠져나가더라도, 적어도 이와 관련된 혼동과 오해를 피하기 위해서라도 몇 가지 점만은 짚고 넘어가야 한다. 엄밀한 의미를 전달하기 위해 원어와 번역어를 혼용한다. 미리 양해를 구한다.

선험적이라는 표현은 독일어로 'transzendental'이라는 말이다. 이 말은 원래 스콜라 철학에서 사용하는 용어로 경험을 뛰어넘는 '초월적'인 것을 뜻했다. 그러면 칸트의 선험적이라는 말은 인간 경험의 한계를 뛰어넘는 초월적이라는 뜻인가? 아니다. 칸트는 그러한 뜻의 초월적이라는 표현으로는 'transzendent'라는 말을 사용했다. 이것을 우리는 초월적이라는 말로 번역해서 부르자. 칸트가 정초하고자 한 새로운 형이상학은 인간 경험의 한계를 벗어나는 초월적인 지식을 추구한 것이 아니다. 만일 그럴 수 있다면, 그것은 칸트가 바로 극복하고자 했던 도그마로서의 형이상학이 되고 말 것이다. 칸트가 추구한 선험 철학은 그런 초월 철학이 아니다.

그렇다면 선험적이라는 말은 인간의 경험과 무관하다는 뜻인가? 아니다. 칸트는 그러한 뜻으로는 이미 'a priori'라는 라틴어를 사용했다. 지금까지 우리가 선천적이라고 번역해서 부른 말이다. 엄밀하게 말하면 이 'a priori'라는 말은 인간이 태어날 때부터 가지고 있다는 의미가 강한 선천적이라는 말보다는 인간의 경험과 아무런 관계가 없는, 또는 인간의 경험과 독립적이라는 뜻이 더 강하다. 선천적 지식이라고 우리가 지금까지 말한 것은 태어날 때부터 알고 태어났다는 뜻이 아니라, 경험을 통해 습득하지 않았다는 뜻이다. 곧 7+5=12가 선천적 지식이라는 의미는 우리가 태어나자마자 그런 지식을 가지고 있었다는 말이 아니라, 그러한 지식을 경험으로부터, 더 정확하게는 지각을 통해서 습득하지 않았다는 뜻이다.

그렇다면 도대체 선험적이라는 말은 무슨 뜻인가? 또 선천적이라는 말과는 어떤 차이가 있는가? 칸트의 말을 직접 들어 보자. 그는 이렇게 말한다.

> "지식이 대상과 관계하지 않고, 그것이 대상의 인식 방식과 관계하는 지식, 그리고 그 인식 방식이 선천적으로 가능한 것에 한해서, 나는 그러한 모든 지식에 선험적이라는 이름을 붙인다."

여전히 알쏭달쏭하다. 필자의 서툰 번역 탓만은 아닐 것이다. 앞뒤 문맥을 뚝 자르고 인용하다 보니, 더 생경해진 탓도 있을 것이다. 그러나 이 점만은 꼭 기억하자. 선험적이라는 말은 일종의 메타언어의 성격을 가지고 있다. 예컨대 경험적 지식이라고 할 때는 어떤 대상 A에 관한 지식 B가 경험적이라는 뜻이다. 선천적 지식이라고 할 때는 어떤 대상 X에 관한 지식 Y가 선천적이라는 뜻이다. 그런데 선험적 지식은 그와 같이 어떤 대상에 직접적으로 관계하는 지식이 아니다. 무슨 말인가? 어떤 대상 X에 관한 선천적 지식 Y의 인식 방식을 Z라고 한다면, 선험적 지식은 Z와 관계한다는 뜻이다. 좀 도식적이기는 하지만, 선천적 지식과 선험적 지식의 차이를 대상언어와 메타언어의 차이로 비교하면 이해하기가 쉽다.

선험적이라는 개념은 선천적 지식이 있을 때만 성립하는 개념이다. 그런데 칸트는 모든 지식이 경험과 함께 시작한다고 했다. 그렇다면 경험이 어느 국면에서는 경험과 독립적인 선천적 지식으로 바뀌어야 한다. 만일 선천적 지식으로 바뀌지 못한다면, 선험적이라는 개념도 스스로 무너진다. 경험이 선천적 지식으로 바뀔 때, 그것을 가리키는 메타언어가 바로 선험적이라는 말이기 때문이다. 따라서 선험적 지식이란 경험이 선천적 지식으로 바뀌는 인식의 조건과 인식의 근거 등과 관련된 것이라고 할 수 있다.

여기서 우리는 칸트 선험 철학의 체계를 요약해서 정리하지 않고, 선험적이라는 개념이 발생한 방식을 따져 보고 있다. 여러분을 골치 아프게 했다면 미안하게 생각한다. 나는 전자의 소개 방식, 곧 그의 철학 체계를 될 수 있는 한 산뜻하게 요약 정리하는 방법이 일반적이라는 것을 잘 안다. 예컨대 다음과 같은 식이다.

칸트는 인식을 셋으로 나누었다. 그리고 그것에 각각 직관, 오성, 그리고 이성이라는 이름을 붙였다. 직관은 시간과 공간의 형식을 가지고 있다고 칸트는 말했다. 그래서 경험적 소여所與, 즉 경험을 통해 들어온 것은 직관의 단계에서 시간과 공간의 질서를 부여받는다. 그런데 이 시간과 공간은 인식 밖에 있는 외부 대상에서 온 것이 아니라, 우리 스스로의 인식에서 온 것이다. 다시 말해 시간과 공간은 우리 스스로 구성한 것이다.

오성에는 12개의 범주가 있다. 직관의 단계를 거쳐 오성의 단계에서 시간과 공간의 질서를 갖춘 지식은 이번에는 다시 오성의 범주에 의해서 질서를 부여받는다. 이러한 인식 과정을 거쳐 우리는 외부 세계에 대한 지식을 안다. 그러나 그것은 인식 밖의 대상에서 온 것이 아니라, 인식 안에서 구성된 것이다. 우리의 인식 안에서 구성된 것이기 때문에 인식 밖에 있는 사물 그대로의 모습, '물 자체'는 우리가 알 수 없다. 칸트는 우리가 알 수 있는 것은 '현상계'라고 불러, 우리가 알 수 없는 '예지계'와 구별했다. 이러한 칸트의 철학을 선험 철학이라고 한다.

위와 같은 식의 요약이 좀 더 편하게 다가오는가? 너무 간략하다면, 이보다 더 길게 말할 수도 있다. '물 자체'와 같이 생소한 철학 용어에 대해서 좀 더 자세하게 설명할 수도 있다. 물론 더 짧게 요약할 수도 있을 것이다. 나는 이러한 요약 방식을 동사로서의 철학이 아니라 명사로서의 철학이라고 부르고 싶다. 동사로서의 철학과 명사로서의 철학은 각각 그 장점과 단점이 있다. 동사로서의 철학은 정지해 있지 않다. 그래서 끊임없이 문제를 던진다. 명사로서의 철학은 그렇게 던진 질문을 정리해서 바구니에 담는다. 따라서 정지시킨다. 그래서 일목요연하게 정리된 명사로서의 철학은 이해하기가 편하다. 그러나 다른 한편, 왜 그렇게 정리되었는지 그 의미가 드러나지 않으면 그것은 생명력을 잃는다.

앞에서 필자가 정리한 칸트 철학이 잘 요약되었다고는 결코 생각하지 않는다. 더 잘 요약된 칸트 철학을 얼마든지 쉽게 찾을 수 있을 것이다. 그런데 아무리 요약이 잘 되어 있다고 해도, 메타언어로서의 선험적 개념을 전하기는 힘들다. 그것은 이미 명사로서의 철학으로 정리되었기 때문이다. 칸트의 선험 철학에 대한 어떤 훌륭한 요약도 그 자체로는 칸트가 말한 독단에 빠질 수 있다.

나는 직관이 시간과 공간이라는 형식을 가지고 있다는 칸트의 결론이 크게 중요하다고 생각하지 않는다. 오성이 12범주를 가지고 있다는 대목은 자의적이라고 생각한다. 그러나 그러한 결론이 중요한 것이 아니라, 그 결론이 내려지기까지 선험적 원리를 밀고 나간 점이 중요하다. 앞에서 선험적이라는 개념이 칸트 철학에서 일관된 뜻으로 쓰이지 않았다는 점을 칸트 철학 연구가들이 지적한다고 했다. 칸트 철학에 정통하지 않은 나는 그것을 치명적인 단점으로 생각하지 않는다. 용감하게 말하면, 만일 그것이 기하학의 공리처럼 그 어떤 조건에서도 자기 원리를 관철하는 것이라면 오히려 문제가 될 수 있다고 생각한다. 그것은 또 하나의 도그마가 될 수도 있기 때문이다.

시간과 공간의 형식, 범주, 물 자체의 개념 등은 선험 철학을 이루는 핵심 개념이 아니라고 나는 과감하게 주장한다. 그것들은 오히려 선험 철학의 원리에서 파생된 결과물이다. 칸트 철학에 등장하는 낯선 용어들은 선험 철학의 원리를 관철하기 위해 등장한 개념들이다. 비단 칸트 철학에서뿐만이 아니다. 모든 철학은 아주 간단한 원리, 아주 간단한 질문에서 시작한다. 그리고 그 원리가 강한 무기일수록 기존의 철학과 부딪치면서 새로운 차별성이 드러나고, 그 차별성을 표시하는 이름이 붙는다.

5 ·····

칸트가 살았던 쾨니히스베르크는 지금은 러시아 땅이다. 도시 이름도 칼리닌그라드로 바뀌었다. 이곳에 가기는 수월하지 않다. 러시아 비자를 얻은 뒤, 옛 소련에서 독립한 라트비아와 리투아니아 또는 벨로루시와 리투아니아를 통과해서 가야 한다. 러시아에 속해 있기는 하지만, 러시아에서 뚝 떨어진 섬이나 마찬가지다. 이곳에 부동항이 있기 때문에 러시아는 옛 소련이 무너진 뒤에도 이곳만은 꼭 움켜잡고 마지막까지 놓지 않았다. 이 도시를 칼리닌그라드가 아닌 쾨니히스베르크로 기억하고 싶어하는 독일인들은 이 도시로 가기 위해 폴란드를 횡단해야 한다.

오늘의 러시아 칼리닌그라드에서 어제의 독일 쾨니히스베르크의 모습은 눈에 잘 띄지 않는다. 쾨니히스베르크는 사실상 제2차 세계대전 때 도시 전체가 폐허로 변했다. 낫과 망치로 건설된 오늘의 칼리닌그라드에는 옛 소련 시절에 정책적으로 이주시킨 러시아인들이 살고 있다. 도심 한복판에는 러시아 본토에서 거의 찾아보기 힘든 레닌 동상이 우뚝 서 있다.

그래도 프레겔(리투아니아어 표기. 러시아어로는 프레골랴, 독일어로는 프레골라) 강 옆으로 난 산책로에는 옛 풍경이 남아 있다. '다리를 한 번씩만 지나 모두 건널 수 있는 방법은 없을까' 하고 많은 사람의 호기심을 자극했던 프레겔 강의 7개 다리도 여전히 남아 있다. 도시의 주인은 바뀌었어도 프레겔 강 주변 산책로는 변함 없이 사람들의 사랑을 받는 곳이다.

칸트는 지금 프레겔 강변에 있는 쾨니히스베르크 성당에 묻혀 있다. 묘한 일

칸트가 묻혀 있는 쾨니히스베르크 성당.

칼리닌(1875~1946년)은 레닌과 함께 러시아 혁명에 뛰어들었던
구소련의 정치가다. 그러나 그는 한 번도 칼리닌그라드에 와본 적이 없다.

칸트의 묘와 묘비.

이다. 살아 있을 때는 물론 사후에도 고향을 떠난 적이 없는 이 독일 철학자는 러시아 땅에 영면해 있다.

　그의 묘비명도 독일과 러시아, 두 나라 언어로 씌어 있다. "생각하면 할수록 늘 존경과 외경심을 갖게 하는 유일한 두 대상은 별이 빛나는 저 하늘과 내 마음속의 도덕 법칙"이라는 글이 새겨져 있다.

　이 유명한 구절은 《실천 이성 비판》의 마지막에 나오는 결론이다. 저 뻔한 결론을 내리기 위해 칸트는 온 힘을 다해 철학을 했다. 밤하늘 별을 바라보며 어린 손자와 지혜로운 할아버지가 손잡고 나누는 대화 같은 저 별로 새로울 것도 없는 이야기를 하기 위해 그토록 노력해서 새로운 철학을 세운 것인가? 선험 철학의 미로를 겨우 헤쳐 나온 독자들이 마침내 그 끝자락에서 잡은 쪽지에 담긴 내용치고는 너무 평범하다.

칸트가《순수 이성 비판》을《실천 이성 비판》의 예비 단계로 여겼다는 것은 잘 알려진 사실이다. 물론 그가 근대 과학의 철학적 토대를 세우기 위해《순수 이성 비판》을 쓴 것은 의심할 여지가 없다. 그러나 그것이《순수 이성 비판》의 최종 목표는 아니었다. 근대 과학의 철학적 토대를 세우는 것은 동시에 근대 과학의 한계를 스스로 긋는 일이었다. 이성의 한계와 할 일을 스스로 깨닫게 하기 위한 것이었다. 그것이 아마 칸트가 비판 철학을 세운 최종 목표였을 것이다.

그가 경험 철학을 선험 철학으로 바꾼 것도 비슷한 목표를 가지고 있었기 때문이었을 것이다. 선험 철학은 경험 과학의 철학적 토대를 세우는 일이 그 최종 목표가 아니다. 그 최종 도착지는 내 마음속에 밤하늘의 별처럼 반짝이는 도덕 법칙을 세우는 것이었다. 칸트에 따르면 나의 마음속에서 반짝이는 도덕 법칙은 순수 이성의 사실이고, 선천적 지식이다. 그것은 경험과 독립적으로 우리 행위를 이끌어 나가는 보편적이고 필연적인 원칙이다.

《순수 이성 비판》에서 칸트는 경험적 사실을 선천적 사실로 환원했다. 그는 자연법칙을 자연의 외부에서 찾지 않고, 내 안의 인식에서 찾았다. 그것을 가능하게 하는 것은 바로 오성의 범주였다. 이른바 '선험적 환원'이라고 불리는 이 논증은 칸트의 선험 철학에서 주요 부분으로 평가된다. 회의론에 빠진 흄의 인과론을 구해 냈다고 평가하는 바로 그 대목이다. 선험적 환원으로 칸트는 밤하늘에 반짝이는 별의 자연법칙을 세울 수 있는 철학적 기초를 놓았다고 생각했음에 틀림없다.

《순수 이성 비판》에서 자연법칙에 관한 철학적 토대를 세우듯《실천 이성 비판》에서도 도덕 법칙에 관한 철학적 토대를 세우기 위해, 칸트는 경험적 사실을 선천적 사실로 환원한다. 그것이 어떻게 가능하냐고? 칸트의 선험 철학에서는 가능하다. 도덕 법칙을 외부에서 찾지 않고 내 안에 있는 범주에서 찾기 때문이다. 아니다. 정확하게 말하면, 도덕 법칙은 범주에서 '구성'하는 것이 아니라 범주에서 '요청'하는 것이다. 자연법칙은 오성의 범주로 모든 것이 밝혀지지만, 도덕 법칙은 오성의 범주로는 모순되는 결과를 가져오기 때문이다.

칸트가 《순수 이성 비판》으로 그의 선험 철학을 마무리하지 않고 《실천 이성 비판》을 쓴 것은 순수 이성이 대상으로 하는 과학의 세계를 벗어난 곳에서는 '이율배반Antinomie', 곧 하나의 주장과 그 반대의 주장이 모두 참이 되는 모순에 빠지기 때문이다. 예를 들어 신이 존재하는가 또는 아닌가 하는 문제는 순수 이성에서는 해결되지 않는다. 신이 존재한다는 증명도 할 수 있고, 신이 존재하지 않는다는 증명도 할 수 있기 때문이다. 자유 의지의 유무 문제도 비슷하다. 정반대의 두 주장이 모두 증명된다. 칸트는 《순수 이성 비판》에서 이율배반의 네 가지 예를 제시했다. 그러면 이 난감한 국면을 어떻게 풀어야 하는가? 칸트는 실천 이성을 소환한다. 도덕과 관련된 문제는 이성의 한계를 벗어나 있기 때문에, 순수 이성은 이에 침묵해야 하지만 실천 이성은 다르다. 실천 이성의 범주는 도덕과 관련된 문제를 요청할 수 있다. 칸트는 이것을 '정언 명령'이라고 불렀다.

1. 네 의지의 준칙이 항상 보편타당한 자연법칙으로 행위하라.
2. 타인을 언제나 항상 목적으로 대우하고 결코 한갓 수단으로 대하지 마라.

3. 의지가 자기의 준칙에 의해서 자기 자신을 동시에 보편적으로 입법
   하는 자로 여길 수 있도록 행위하라.

4. 각 이성적 존재자는 마치 그가 자기의 준칙에 의해 언제나 보편적인
   목적의 왕국에서 입법적 성원인 것처럼 행위하라.

평생 바른 생활을 하신 어른의 말씀답다. 감히 어디 토씨 하나에도 이의를
달 수 있겠는가? 아니다. 그렇게 생각하면 오해다. 그는 근엄한 얼굴의 도덕 군
자가 아니다. 칸트는 매우 사교적인 사람이었다. 매일 사람들을 초대해 점심을
같이하면서 재치 있는 담소를 나누었으며, 유머 감각도 뛰어났다고 한다.

저 준칙은 저마다 자기 눈으로 세상을 보기 시작한 근대의 인간이 마침내 그
어떤 권위에서 벗어나 자신의 의지와 자신의 준칙으로 살아가겠다는 '근대인
의 독립선언문'으로 보아야 한다. 저 당당한 근대인의 자부심을 보라. 한 사람
한 사람이 독립된 세계의 입법자이며, 그 스스로가 목적이라고 자부한다. 그
어느 한구석에라도 혼자 선 자의 두려움이 보이는가?

칸트는 《순수 이성 비판》과 《실천 이성 비판》을 쓰는 사이에 한 언론의 원고
청탁을 받고 《계몽이란 무엇인가》라는 짧은 시론을 썼다. 그 글에서 그는 계몽
을 한마디로 표현했다. "사파레 아우데Sapere aude", 아는 것을 두려워하지 말라는
라틴어다. 누군가에게 의존하려 하지 말고, 그 어떤 권위에도 의지하지 말고, 내
스스로 아는 것을 두려워하지 말라는 뜻이다. 인간이 가진 이성을 사용하는 데
용기를 가지라는 뜻이다. 칸트는 스스로도 자신의 가르침대로 살았다. 그리고
그런 철학을 세웠다. 나는 그를 계몽의 시대 끝자락에 위치한 위대한 '계몽의
인간'으로 본다. 그의 철학은 가장 철저한 '계몽의 철학'이었던 것이다.

독 일 G e r m a n y

함부르크 ●

베를린 ■

바이마르 ● ● 라이프치히
예나

● 슈트트가르트

뮌센 ●

8 절대정신의
세계 역사를 정리하다 : : 베를린

헤겔은 '우리의 시대'를 '새로운 시대'로 규정하고, 그것을 철학의 언어로 정리한 최초의
근대 철학자다. 또한 헤겔은 과거와 전혀 다른 새로운 시대가 도래했다고 선언했으면서도
새로운 시대가 현실에서 완성되지 않았다고 본 철학자이기도 하다. 그 점에서 헤겔은
새로운 시대의 원리로서의 근대 문제를 최초로 인식한 철학자라고 할 수 있다.
그래서 지금 우리가 살고 있는 이 시대가 과연 근대의 연속인지, 아니면 불연속인지를
따지기 위해서는 반드시 다시 헤겔 책을 펼쳐 들어야 한다.

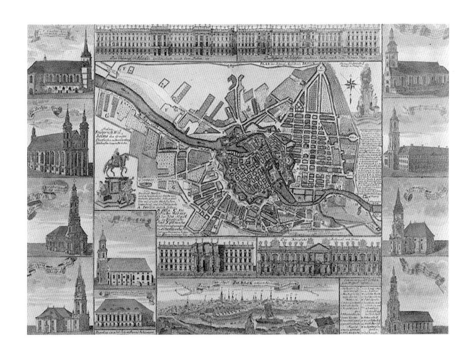

1 ·····

동이 트고 나니 상황은 바뀌어 있었다. 전날 저녁, 프로이센군과 프랑스군이 예나에서 처음 마주쳤을 때는 이렇지 않았다. 프로이센의 백전노장 프리드리히 루트비히 장군이 이끄는 프로이센군은 3만 8000명. 그에 비해 장 란네 장군이 지휘하는 프랑스 제5부대는 병력이 절반에 불과했다. 그런데 귀신이 곡할 노릇이었다. 하룻밤 사이에 나폴레옹 군대의 주력 부대가 거의 전부 예나에 모습을 나타냈다.

술트 장군이 지휘하는 제4부대, 네이 장군의 제6부대가 보였다. 이 세 부대의 지휘관은 나폴레옹과 동갑내기인 37세의 젊은 장군들이었다. 피에르 오제로 장군이 지휘하는 제7부대, 나폴레옹의 매부인 요하힘 뮈라의 부대도 눈에 띄었다. 모두 나폴레옹의 긴급 명령을 받고 밤 사이에 예나에 집결한 것이다. 그야말로 아침에 일어나 보니 다른 세상이 되었다. 프랑스군의 총 병력은 이제 9만 6000명이었다.

병력의 압도적 우위를 확인한 나폴레옹은 지체하지 않았다. 전투는 치열하게 전개되었지만, 승부를 가리는 데는 그리 많은 시간이 걸리지 않았다. 전투는 오후 2시가 넘으면서 프랑스군의 압도적인 승리로 끝났다. 그때까지 프리드리히 루트비히 장군이 지휘하는 프로이센군은 아무런 지원도 받지 못했다. 예나에서 그리 멀리 떨어지지 않은 바이마르에 1만 5000명의 프로이센군이 배치되어 있었지만, 이 부대는 전투에서 아무 역할도 하지 못했다. 연전연승을 기록한 나폴레옹의 프랑스군과 당시 유럽 최강의 육군이라고 자부하던 프로이

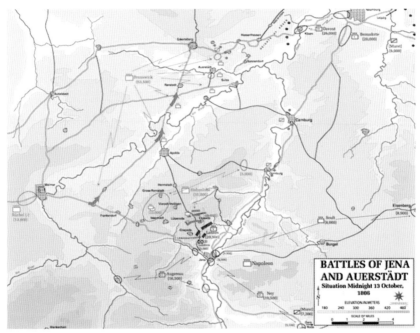

나폴레옹이 이끄는 프랑스군과 당대 최강 전력이라고 평가받던
프로이센군 사이에 벌어졌던 예나–아우어슈테트 전투도.

센군의 건곤일척 승부는 이렇게 싱겁게 끝났다. 예나 전투에서 프로이센의 사상자와 포로가 2만 5000명, 프랑스의 사상자는 5000명이었다고 전쟁사는 기록하고 있다.

나폴레옹은 예나 전투에서 프로이센의 주력군을 격파했다고 생각했다. 그러나 아니었다. 프로이센의 주력군은 예나에서 20킬로미터쯤 떨어진 아우어슈테트에 진을 치고 있었다. 이 부대는 프로이센의 국왕 프리드리히 빌헬름 3세와 브룬스비크 공작이 지휘했다. 병력은 5만 5000명. 이 프로이센 주력군은 나폴레옹의 명령을 받아 예나로 이동 중인 프랑스 제3부대를 가로막았다. 다부 장군이 이끄는 프랑스 제3부대의 병력은 2만 6000명. 그러나 프로이센 주력군은 힘을 한군데로 집중하지 않고, 병력을 분산 배치했다. 전선이 길게 늘어지자 프로이센군의 수적 우위는 위력을 발휘하지 못했다. 그들은 난전에 들어갔다.

새벽 7시부터 시작된 아우어슈테트 전투는 오후 들어 예나에서 프랑스군이 대승했다는 소식이 전해지면서 오히려 프랑스 쪽으로 전세가 기울었다. 아니, 참담한 예나 전투의 패전 소식에 사기가 떨어진 프로이센군이 저절로 무너졌다고 보는 편이 더 나을 것이다. 마침내 프랑스군은 아우어슈테트 전투에서도 대승을 거두었다. 프로이센군의 사상자와 포로는 1만 3000명, 노획한 병기는 소총이 11만 5000정에 달했다. 프랑스군의 사상자는 7000명이었다. 나폴레옹 전쟁 중에서도 전술의 백미로 꼽히는 1806년 10월 14일 예나-아우어슈테트 전투는 이렇게 나폴레옹의 승리로 끝이 났다.

나폴레옹은 예나와 바이마르를 거쳐 프로이센의 수도 베를린에 위풍당당하게 입성했다. 그는 자신과 대적한 프리드리히 3세의 아버지이자 칸트가 높이 평가했던 프로이센의 계몽 군주 프리드리히 2세의 묘지를 제일 먼저 찾았다.

"당신이 살아 있었다면, 내가 굳이 여기에 올 필요가 없었소."

묘지에 헌화하면서 나폴레옹은 이렇게 말했다고 전해진다. 그는 전투의 귀재일 뿐 아니라, 정치도 9단쯤 되었던 모양이다.

전쟁사에 더 흥미를 가지고 있는 독자는 예나 전투에 프로이센의 병사로 참전해 포로가 되었다가 풀려난 클라우제비츠의 《전쟁론》을 읽으면 유익할 것이다. 서양의 《손자병법》이라고 할 수 있는 《전쟁론》의 덕인지는 모르겠으나, 프로이센은 50년쯤 뒤에 '보불전쟁'을 통해 프랑스에게 당했던 패배의 아픔을 그대로 되돌려 준다.

2 ·····

프로이센을 격파한 뒤 예나와 바이마르를 거쳐 베를린에 입성한 나폴레옹 군대를 보면서, 그 당시 독일 지성들은 어떤 생각을 했을까? 우연하게도 그 길목마다 당대 최고의 지성들이 자리하고 있었다. 예나에는 철학자 헤겔이, 바이마르에는 독일이 자랑하는 문호 괴테가, 베를린에는 철학자 피히테가 각각 그 자리에 있었다.

피히테는 베를린이 점령되자 피눈물을 흘리며 프로이센 정부 요원들과 함께 당시 동프로이센의 수도였던 쾨니히스베르크로 망명했다. 칸트가 평생 떠나지 않았다는 바로 그 도시다. 칸트는 베를린이 점령되기 2년 전에 세상을 떠났다. 피히테는 그곳에서 덴마크 코펜하겐으로 갔다가 프랑스와 프로이센 사이에 강화 조약이 체결된 뒤에 베를린으로 돌아왔다. 그는 1807년 겨울 매주 일요일 오후에 베를린 시민에게 독일 재건의 길에 대해 외치는 강연을 했다. 그 강연 내용은 나중에 《독일 국민에게 고함》이라는 책으로 묶여 출판되었다. 《독일 국민에게 고함》은 아마도 그가 쓴 어떤 철학 책보다 더 많이 알려졌을 것이다. 그는 조국을 뜨겁게 사랑한 철학자로 유명하다.

피히테는 특히 교육의 역할을 크게 강조했다. 그는 베를린대학을 세우는 데 앞장섰으며, 베를린대학의 총장을 맡기도 했다. 흔히 그를 독일 민족주의의 아버지라고 부른다. 그러나 민족주의와 민족 우월주의는 종이 한 장 차이다. 그는 자위적인 차원의 민족주의를 넘어서 인종주의적 편견을 노골적으로 드러낸 사람으로도 유명하다. 피히테는 공개적으로 게르만 민족의 우수성을 외쳤으

나폴레옹은 예나 전투에서 프로이센군을 격파하고 1806년 10월 27일 프로이센의 수도 베를린에 입성했다.
그림은 파리 출신의 프랑스 화가 샤를르 메니에르가 1810년에 그린 작품.

며, 유대 사회를 독일의 정체성을 잠식하는 '국가 안에 있는 또 하나의 국가'라고 불렀다. 그는 공개적으로 유대인을 독일 사회에서 추방해야 한다고 주장했으며, 유대인에게 시민권을 주기 위해서는 어느 날 밤 유대인의 머리를 몽땅잘라 버린 뒤에 어깨에서 새로운 머리가 나와 유대인의 생각이 하나도 남아 있지 않은 다음에야 비로소 생각할 수 있는 문제라고까지 했다. 마치 나치 독일의 주장을 먼저 보는 듯한 발언들이다.

괴테는 바이마르에서 프랑스 군대를 맞았다. 그 무렵 그는 이미 이름이 널리알려진 유럽의 명사였다. 괴테가 젊은 시절에 쓴 소설《젊은 베르테르의 슬픔》은 나폴레옹도 탐독했던 책이다. 그러나 승리에 취한 프랑스 점령군들에게 괴테의 집은 약탈의 대상에 불과했다. 그들은 괴테의 집으로 쳐들어가서 와인을마시고, 주인 나오라며 고래고래 소리를 질러댔다. 나이트가운을 입은 괴테가아래층으로 내려왔다. 괴테 개인 비서의 기록에 따르면, 기품이 서린 괴테의태도에 점령군들도 함부로 대하지 못하고 이내 물러났다고 한다.

그러나 밤이 점점 깊어지면서 점령군들은 총검을 꽂은 채 다시 괴테의 침실에 나타났다. 겁에 질린 괴테와 달리 괴테의 동거녀 크리스티아네 불피우스는즉각적으로 반응했다. 고함을 지르고, 심지어는 그들과 몸싸움까지 벌이며 집밖으로 내쫓는 데 성공했다. 괴테는 그날을 "화재와 약탈, 그리고 공포의 밤"이었다고 기록했다. 그리고 "그날 집을 지킬 수 있었던 것은 행운과 결연함"때문이라고 덧붙였다.

괴테와 크리스티아네는 이 일이 있은 지 며칠이 지나 정식으로 결혼했다. 18년간 괴테의 하녀 또는 동거녀로 불렸던 크리스티아네는 이로써 괴테의 부인이 되었다. 사람들은 그 공포의 밤에 괴테의 생명을 지켜 준 크리스티아네에게

1 괴테가 살았던 바이마르의 집. 지금은 괴테박물관으로 바뀌었다. 괴테는 이 집에서 1782년에서 1832년까지 살았다. 2 예나대학교는 독일 낭만주의 시대의 중심 역할을 한 대학이다. 괴테, 실러 등의 문호와 피히테, 헤겔 등 철학자들이 이 대학에서 가르쳤다.

준 선물이라고 수군거렸다. 괴테를 존경하는 이들은 괴테가 나폴레옹의 점령으로 사람들이 정신없을 때 조용하게 일을 처리한 것으로 해석하기도 한다. 어쨌거나 괴테에게 나폴레옹 군대의 바이마르 입성은 하나의 우발적 사건이었다. 그는 그날을 공포의 밤으로 기록했지만, 피히테처럼 나폴레옹 군대의 입성을 독일 민족의 치욕으로 해석하지는 않았다.

헤겔은 예나에서 나폴레옹 군대를 지켜보았다. 당시 그는 예나대학의 사강사였다. 헤겔에게 나폴레옹 군대는 독일 정신을 짓밟는 점령군이 아니었다. 전쟁의 끝자락에서 흔히 나타나는 하룻밤의 악몽도 아니었다. 헤겔은 그것을 한 시대를 마감하고 한 시대가 시작하는 '세계 정신'으로 읽었다. 그는 한 친지에게 보내는 편지에서 이렇게 말했다.

"나는 황제, 이 세계 정신이 진지를 정찰하기 위해 말을 타고 거리를 통과하는 것을 보았다. 이 한 지점에서 말 위에 앉아 전 세계를 호령하는 그 사람을 보았을 때, 나는 뭐라고 말할 수 없는 느낌이 들었다."

헤겔은 나폴레옹을 세계 정신이라고 불렀다. 도대체 무슨 뜻인가? 아마 그것을 이해하기 위해서는 그 무렵 마지막 원고를 가다듬었던 《정신현상학》을 가지고 이야기를 시작해야 할 것이다. 이야기를 좀 더 극적으로 표현하고 싶어 하는 이들은 나폴레옹이 예나로 들어오는 바로 그날, 헤겔이 《정신현상학》을 탈고했다고도 말한다. 바로 예나 전투를 승리로 끝내고 저녁 무렵 시내로 들어오는 나폴레옹 군대의 모닥불을 창문 너머로 바라보면서 《정신현상학》의 마지막 절대정신에 대한 대목의 글을 썼다는 것이다.

3 ·····

헤겔은 살아 있을 때 모두 네 권의 책을 썼다. 그 가운데 《정신현상학》은 그가 처음 세상에 내놓은 책이다. 그리고 난해하기로 유명한 헤겔 철학 중에서도 아마 가장 읽기 어려운 책일 것이다. 칸트의 《순수 이성 비판》은 난해한 탓에 세상에서 반응을 얻지 못했다고 했다. 그런데 헤겔 철학은 한술 더 뜬다. 그래서 어떻게 헤겔 철학을 쉽게 이해할 수 있는가 하는 물음에 답한 글도 제법 많다. 정설로 굳어진 것은 그가 말년에 강의한 내용을 책으로 묶은 《역사 철학 강론》에서 출발하라는 것이다. 그 다음 순서는 의견이 엇갈린다. 그러나 마지막에 읽을 책에는 다시 의견이 모아진다. 바로 《정신현상학》이다. 한 헤겔 전문가는 충고를 하나 덧붙인다. "충분히 잠을 자고 난 뒤에 도전할 것." 그도 책을 읽다가 꽤나 졸았던 모양이다.

버트런드 러셀은 《서양 철학사》에서 철학자 가운데 가장 알기 어려운 사람으로 헤겔을 첫손가락에 꼽았다. 헤겔은 언제나 칸트를 비판했지만, 만일 칸트가 없었다면 그의 철학 체계는 세울 수 없었을 것이라고도 했다. 동의한다. 헤겔 철학에 등장하는 거의 모든 철학 용어는 칸트 철학에 이미 다 나온다. 그러나 그 같은 말에 담긴 의미는 다르다. 아니, 대부분 뒤집어 놓았다고 보는 편이 적확하다.

러셀은 헤겔의 모든 학설이 거짓이라고 생각했다. 그래도 하나의 단서를 붙이기는 했다. 그가 생각하는 바와 같이 거짓이라고 하더라도 역사적으로 헤겔 철학은 중요하다고 했다. 헤겔의 영향력은 사라졌지만, 19세기 말의 철학자들은 모두 헤겔의 제자들이라고 했다. 러셀은 헤겔의 논조가 정연하지 못한 것도 불만이었다. 그러나 다행스럽게도 그것이 헤겔 철학에서는 장점으로 작용하고 있다고 했다.

칼 포퍼는 《열린 사회와 그 적들》에서 헤겔을 신랄하게 비판했다. 헤겔은 난해한 철학자가 아니라 자기가 무슨 소리를 하는지도 모르고 횡설수설하는 철학자 또는 의도된 기만과 사기를 일삼는 철학자라고 규정했다. 아니, 정확하게는 후자의 사기꾼으로 보았다. 방대한 헤겔 철학은 칸트가 비판 철학을 통해 금지시키려고 했던 사이비 형이상학의 표본이라고 했다. 헤겔 철학이 가진 힘은 프로이센 관변 철학을 합리화한 데서 나온 것이고, 후세에 끼친 영향력이란 전체주의의 합리화에 지나지 않는다고도 말한다. 그는 20세기 나치 독일로 대표되는 파시즘의 뿌리로 헤겔을 지목한다.

포퍼는 또 프랑스의 영향권에 있던 마인츠대학 교수로 재직할 때는 프랑스 혁명 정신을 찬양했다가 프로이센으로 옮겨 가서는 독일 정신을 고취한 피히테의 철학을 '허풍' 철학으로, 피히테의 자리를 이어받아 베를린대학으로 옮긴 후 거대한 체계를 만든 헤겔의 철학을 '속임수' 철학으로 각각 규정한다. 포퍼의 헤겔 비판은 한때 베를린대학에서 헤겔과 같이 철학을 가르쳤던 쇼펜하우어의 헤겔 비판과 그 맥을 같이한다.

20세기 전반을 풍미했던 실증주의의 눈으로 보면, 헤겔 철학은 참과 거짓을 구별할 수 없는 의미를 상실한 진술에 지나지 않는다. 따라서 헤겔이 진술한 그 난해한 언어 체계는 예를 들어 '뺊끼뷁뼒' 같은 진술과 하나도 다를 바가 없다. '말을 탄 세계 정신'이란 '뺊끼뷁뼒'과 더도 덜도 아닌 같은 값의 가치를 갖는다.

헤겔만큼 극과 극을 오가는 평가를 받는 철학자가 또 있을까? 러셀이 《서양 철학사》를 쓰고 포퍼가 《열린 사회와 그 적들》을 쓸 무렵, 마르쿠제는 헤겔 철학을 '체계의 철학'이 아닌 '부정의 철학'으로 해석한 《이성과 혁명》을 내놓았다. 그 메시지는 간결하다. 헤겔 철학은 파시즘 사상과는 관계없고, 오히려 그것에 적대적이라는 주장이다. 마르쿠제는 이와 함께 헤겔 철학이 현대 사회 이론에 끼친 공헌을 높이 평가했다. 마르쿠제의 주장은 칼 포퍼의 주장과 정반대 편에 서 있다.

비엔나에서 논리실증주의자들이 헤겔 철학을 단칼로 잘라냈을 무렵, 베를린에 있던 헝가리 철학자 게오르크 루카치는 헤겔 철학을 재해석하는 《역사와 계급의식》을 저술했다. 잘 알려져 있듯이 이 책은 소련에서 정통으로 인정하는 변증법적 유물론을 성역화하지 말고, 그 변증법적 유물론의 근간을 이루는 원리를 발전시키고 심화시키는 것이 중요하다고 주장함으로써 '서구 마르크시즘' 또는 '유럽 마르크시즘'의 길을 닦은 저작이다. 이 책에서 루카치는 마르크스가 제창한 변증법적 유물론의 원리가 된 헤겔 철학의 '외화' 개념에 특히 주목한다.

외화 개념에 대한 자세한 설명은 뒤로 넘기기로 하자. 다만 헤겔보다 더 충실하게 헤겔 철학을 해석했다는 평가를 받는 《역사와 계급의식》에서 루카치는 마르크스를 통해 헤겔을 읽고, 또 헤겔을 통해서 마르크스를 읽는 대화를 시도했다는 점만은 지적하고 넘어가자. 이러한 루카치의 시도는 러셀이나 포퍼, 그리고 비엔나 서클의 진단과는 달리 20세기 후반기까지 '헤겔 르네상스'를 활짝 열었다. 헤겔 르네상스를 연 철학자들은 루카치나 마르쿠제와 같이 마르크스를 헤겔의 눈으로 재해석한 서구 마르크시스트들이다. 이들은 헤겔화된 마르크스를 때로는 프로이트의 정신분석학과 접목하고, 때로는 다윈의 진화론과 연결하기도 했으며, 때로는 니체 철학과 대화를 시키는 등 새로운 시도를 선보였다.

나는 가끔 생각한다. 칸트 철학의 저수지가 시간의 순서를 따라 흐르는 철학의 물길을 담는 데 더 효율적인 저수지라고 한다면, 헤겔 철학은 시간의 역순으로 거슬러 올라가는 생각의 물길을 정리하는 데 보다 큰 역할을 한 또 하나의 저수지라고.

그러면 이번 헤겔 여행에서 우리는 길 안내자로 누구를 세울 것인가? 포퍼를 초대할 것인가, 아니면 마르쿠제를 초대할 것인가? 루카치의 눈으로 헤겔을 바라볼 것인가, 아니면 비엔나 서클의 과학적 세계관에 따를 것인가?

우리는 헤겔을 새로운 시대가 열리는 것을 읽고, 그것을 철학의 눈으로 정초한 철학자로 상정하자. 물론 철학자라면 누구나 우리가 살고 있는 시대에 관심을 갖는다. 아니, 누구나 우리가 살고 있는 시대에 관심을 갖는다. 그러나 역사학자 라인하르트 코젤렉의 말처럼 '우리의 시대'가 '새로운 시대'와 동의어로 쓰이는 것이 항상 있어 왔던 일은 아니다. 우리의 시대가 새로운 시대로 자동적으로 규정되는 것도 아니다. 거기에는 역사적 조망과 철학적 조망이 함께 들어가야 한다. 거기에는 과거와의 분명한 선 긋기가 시도되어야 한다. 헤겔은 과거와 분명한 선을 긋고, 새로운 시대의 도래를 선언한 철학자다. 그것을 다른 말로 표현하면, 우리 철학 여행의 큰 주제로 삼고 있는 '근대'다. 편의적으로 나누는 시기 구분으로서의 '근세'가 아니라, 새로운 시대의 원리로서의 '근대'다. 우리는 이번 헤겔 철학 여행에서 그가 어떻게 과거와 선을 그었는지, 그리고 그는 어떻게 근대의 원리를 이야기했는지 살펴보기로 하자.

베벨플라츠 거리.

헤겔은 또한 과거와 다른 새로운 시대의 도래를 소리 높이 외치면서도, 새로운 시대가 현실에서 완성되지는 않았다고 본 사람이기도 하다. 그런 점에서 그는 근대의 문제를 최초로 인식한 철학자이기도 한 셈이다. 그것을 우리 철학 여행의 주제로 표현하면 '탈근대'다. 우리는 이번 헤겔 철학 여행을 근대와 탈근대라는 잣대로 살펴보고자 한다.

물론 이러한 헤겔 철학 독해법은 우리가 처음으로 시도하는 것은 아니다. 그것은 근대와 탈근대의 연속과 불연속이라는 두 잣대로 근대 프로젝트를 다시 구축하려고 하는 하버마스의 독법이기도 하다. 하버마스뿐만이 아니다. 현재 진행형으로 계속되는 근대와 탈근대의 철학적 논쟁은 거의 어김없이 헤겔로 거슬러 올라가곤 한다.

4 ·····

　"우리의 시대가 탄생의 시대요, 새 시대로 넘어가는 과도기임을 알기는 그리 어렵지 않다. 정신은 자기가 생존하고 표상해 오던 지금까지의 세계에 작별을 고하고, 그것을 과거 속에 묻어 버리려고 하며, 자기 개념적으로 파악하는 것은 결코 정지해 있을 때가 아니고 끊임없이 전진을 계속하는 운동에서다."

　헤겔 철학을 이야기할 때 자주 인용되는 《정신현상학》의 머리말 가운데 한 구절이다. 헤겔은 여기서 그가 살던 시대를 '탄생의 시대'라고 말한다. 그러면서도 그것이 곧 '새 시대'가 아니라 '새 시대로 넘어가는 과도기'라고 규정한다. 무슨 뜻인가? 잠시 판단을 보류하고 그 다음을 읽어 봐도 무엇이 새로 탄생했는지, 또 어느 시기에서 어느 시기로 이행하는 과도기라는 이야기인지는 나오지 않는다. 그 대신 '정신'을 주어로 한, 정신의 자기 운동 원리에 대한 기술이 나올 뿐이다. 여기서 우리는 헤겔이 시대의 전환을 정신의 자기 운동으로 파악하고 있다는 사실을 알 수 있다.

　시대의 전환이 정신의 자기 운동이다? 그렇다. 헤겔은 그렇게 믿는다. 그래서 책 제목도 '정신의 현상학'이다. 정신이 의식, 자기의식, 이성, 정신, 종교의 단계를 통과하면서 마침내 모든 것을 완벽하게 아는 '절대정신'에 이르는 과정을 열람한 것이 《정신현상학》의 내용이라고 간략하게 요약할 수 있다.

　그렇다면 헤겔이 살던 시대가 탄생의 시대고, 새 시대로 넘어가는 과도기라는 말은 도대체 무슨 뜻인가? 그가 나폴레옹을 '말을 탄 세계 정신'이라고 한 말의 의미는 무엇인가? 헤겔이 자신의 시대를 프랑스 혁명기로 규정했다는 것은 어렵지 않게 짐작할 수 있다. 그러면 프랑스 혁명은 헤겔이 구분한 정신의 단계 중에서 어느 단계에 해당하는가?《역사 철학 강요》등 헤겔의 다른 저서에서 조각 맞추기를 해보면, 프랑스 혁명기는 정신 단계에 위치한다.

벌써부터 머리가 지끈지끈 아파지기 시작한다면, 여러분은 러셀이나 포퍼 과에 해당한다. 슬슬 흥미가 일어난다면, 여러분은 마르쿠제나 루카치 과에 속한다. 그 어느 편이든지 여기서 헤겔이 말하는 정신이란 개인적인 정신을 가리키지 않는다는 점만큼은 우선 분명하게 밝혀 둘 필요가 있다.

이 점에 관한 한, 나는 정신을 뜻하는 독일어 '가이스트Geist'가 우리말에서 사용하는 정신과 비슷하게 쓰인다는 점을 무척 다행스럽게 생각한다. 예를 들어, 정신 또는 '가이스트'를 영어로 번역한다고 생각해 보자. 둘 중의 하나다. 하나는 마음mind, 다른 하나는 영혼spirit이다. 실제로 독일어 원제목이 'Phenomenologie des Geistes'인《정신현상학》은 영어권에서는 둘로 나누어 번역된다. 'Phenomenology of Mind'가 그 하나고, 'Phenomenology of Spirit'가 그 둘이다. 굳이 우리말로 다시 옮기면 좀 어색하다. 전자는 '마음의 현상학', 후자는 '영혼의 현상학'. 감상적인 수필 제목 같지 않은가?

영국 경험론에서 철학의 대상은 '마음'이다. '영혼'은 철학의 대상이 아니라 신학의 대상이다. 그런데 영국 경험론에서 마음은 곧 개인의 마음이다. 그리고 그것은 항상 백지 상태로 상정된다. 그것은 로크에서 흄에 이르기까지 공통적이다. 따라서 민족의 마음, 시대의 마음 또는 세계의 마음 등은 기본적으로 말이 되지 않는 어불성설이다. 나는 영미 철학자들이 헤겔 철학을 난해하다고 생각하는 최초의 장벽은 그러한 언어 차이에서 비롯된다고 생각한다.

현상학이라는 말도 그렇다. 영미 철학자에게 현상학을 뜻하는 'Phenomenology'는 곧바로 버클리 철학을 연상시킨다. 마음과 마음 밖에 있는 대상의 관계에서 '존재는 곧 지각'이라고 주장하는, 그래서 존재의 문제를 다루는 존재론과 인식의 문제를 다루는 인식론을 하나로 뭉쳐 버린 그 묘한 철학적 입장을 영미 철학에서는 역시 현상학이라는 이름으로 부른다.

칸트 철학에서 현상학이란 순수 이성의 한계를 벗어나는 예지계가 아닌 현상계를 다루는 학문을 뜻한다. 지난 칸트 철학 여행에서 우리는 인간의 인식이 도달할 수 없는 예지계에 대해서는 침묵해야 한다는 칸트의 주장을 살펴보았다. 그 한계를 뛰어넘는 주장을 하면 이율배반의 수렁에 빠진다는 경고도 살펴보았다. 그 대신, 칸트는 우리에게 두 가지를 약속해 주었다. 첫째는 현상계, 곧 과학의 세계에서는 보편타당한 진리를 확보할 수 있다는 것이었다. 밤하늘의 별처럼 반짝이는 진리의 세계가 가능하다고 약속했다. 둘째는 예지계, 곧 도덕의 세계에서는 조건 없는 명령, 곧 정언명령으로 내 마음에 반짝이는 도덕률을 수용하라고 했다. 우리가 가진 이러한 이성의 능력과 한계를 겁내지 말고, 이성을 제외한 그 어떤 권위에 의존하지도 않고 당당하게 사용하는 것을 그는 '계몽'이라고 불렀다.

헤겔이 말하는 현상학은 칸트가 말하는 현상학과는 또 다른 개념이다. 헤겔은 칸트 철학에서 말하는 범주의 구성, 곧 우리의 앎이 과학적 진리에 다가갈 수 있는 것은 우리 밖에 있는 외부에서 온 것이 아니라 우리 안에 있는 범주가 구성하는 것이라는 주장을 그대로 수용했다. 그러나 헤겔은 그 범주 구성이 현상계에만 머물러야 한다는 칸트의 경고를 용감하게 부시했다. 그 구성의 원리는 '물 자체'라고도 표현되는 예지계에까지 이를 수 있다고 보았다. 헤겔은 우리 안에 있는 범주가 '고정된' 형식이 아니라고 주장했다. 그것은 역사를 초월해 불변하는 것이 아니라, 역사를 통해 형성되는 것이라고 했다. 헤겔이 말하는 현상학은 바로 그러한 원리를 담은 학문이었다.

앞에서 인용한 헤겔의 말로 돌아가자. 헤겔은 그의 시대가 새 시대로 넘어가는 과도기라고 규정한 뒤, 느닷없이 정신은 자기가 생존하고 표상해 오던 지금까지의 세계에 작별을 고한다고 했다. 그리고 그 작별을 고하는 방식은 정지해 있을 때가 아니라, 운동 과정 속에 있다고 했다. 이어서 헤겔은 그 정신의 운동을 태를 끊고 나오는 아기에 비유한다. 아기는 태내에서 오랫동안 영양을 공급받고 성장한다. 그러다가 점진적인 성장을 중지하고, 새로운 세계로 나온다. 그것은 마치 번개처럼 새로운 세계의 모습을 드러내는 해돋이에 비유되기도 한다. 좀 길지만 다시 인용한다.

"아기가 태어나는 것처럼 자기 형성 중의 정신은 새로운 형태를 향해 서서히, 그리고 조용히 성숙해 가면서 자기가 지금까지 이룬 세계 구조의 소부분을 차례차례 해체한다. 그러나 세계가 동요한다는 것은 개별적인 증상에 의해서만 암시되는 것이다. 현존하는 것 속에 만연된 경망과 권태, 미지의 것에 대한 막연한 기대는 모두 다른 무엇이 다가오고 있다는 징조다. 전체의 외관을 바꾸지 않은 이 절차적인 와해는, 번개처럼 한번에 새로운 세계상을 세워 놓은 일출에 의해 단절된다.

그러나 이 새로운 것은 방금 태어난 아기와 똑같이 아직 완전한 현실을 갖지 못하고 있다. 이 점은 본질적으로 무시되어서는 안 된다. 처음으로 출현했다는 그것만으로는 비로소 그 새로운 것의 직접태 또는 그것의 개념에 불과하다. 건물의 기초가 다져졌다고 해서 그 건물이 다 지어진 것은 아니다. 이와 똑같이 전체라는 개념에 이르렀다고 해서 그것이 전체는 아닌 것이다."

헤겔이 말하는 정신은 개인의 마음이 아니라는 점은 이미 지적했다. 또 헤겔이 말하는 정신이 로크 철학처럼 단지 외부 대상을 담는 수동적인 용기가 아니라, 칸트 철학에서처럼 스스로 구성 원리를 가지고 있다는 점도 이야기했다. 그리고 헤겔이 말하는 정신은 칸트 철학과는 달리 현상계에만 적용되는 인식 능력이 아니라 예지계까지 확대된다는 점에 대해서도 말했다. 그런데 한 가지 더 중요한 것이 있다. 그것은 헤겔이 말하는 정신은 단순한 인식 능력이 아니라는 점이다. 헤겔이 말하는 정신은 세계와 역사를 움직이는 원동력이다.

정신은 마치 유기체처럼 쉬지 않고 자기를 형성하고 변형한다. 세계와 역사도 마찬가지다. 모든 것은 변화하고 발전한다. 헤겔에게 있어 정신과 세계는 둘이 아니라 하나다. 그것은 서로 연결되어 있다. 헤겔의 표현을 빌리면, 서로 매개되어 있다. 정신과 역사의 관계도 마찬가지다. 헤겔에게 있어서 역사란 쉬지 않고 움직이는 정신의 역사다. 그것은 서로 분리될 수 없다. 굳이 정신과 세계 사이에서 더 근원적인 것을 따진다면, 그것은 정신이다. 헤겔에게 있어 세계는 정신이 그 운동 과정에서 밖으로 나온 것이다. 헤겔의 용어를 빌리면, 세계는 정신이 외화된 것이다.

1 베를린대학 헤겔 동상 옆 전봇대에 붙은 68운동 40주년 기념 대회 포스터.
2 헤겔이 재직했던 베를린대학. 지금은 훔볼트대학으로 이름이 바뀌었다.

단순하게 요약하면, 헤겔 철학의 알파와 오메가는 정신의 자기 형성 원리를 집대성한 것이라고 할 수 있다. 따라서 헤겔에게 있어 앎의 문제를 다루는 인식론과 존재의 문제를 다루는 존재론은 구분되지 않는다. 그것은 사회와 역사의 문제를 다루는 사회 철학과 역사 철학도 마찬가지다. 그것은 모두 정신의 현상학으로 귀결된다. 이 점에 대해 헤겔은 한 치의 의심도 하지 않은 것으로 보인다. 헤겔은 삶과 앎, 존재와 인식, 역사와 사회 등의 관계에 관심을 기울이는 대신, 그 모든 것을 관통하는 정신의 운동 원리를 집요하게 파고들었다. 이러한 헤겔 철학의 특징은 러셀과 같이 그를 신비주의 철학자로 규정하게 하고, 포퍼처럼 그를 사기꾼 철학자로 고발하게 하는 원인인 동시에, 다른 한편으로는 많은 이들이 그의 통찰력에 찬탄하는 이유가 되기도 한다.

그런데 어떻게 모든 것이 정신의 자기 형성 논리로 집약될 수 있는가? 그 비밀의 열쇠는 '변증법'에 있다. 칸트가 철학사에 던진 수수께끼가 '선험적'이라는 개념이라면, 헤겔이 던진 수수께끼는 변증법이라는 개념이라고 할 수 있다. 이 두 개의 잡힐 듯 말 듯한 개념은 도식적으로는 깨끗하게 설명할 수 있지만, 나는 아직도 현재 진행형으로 계속되는 독일 철학이 남긴 수수께끼라고 본다.

헤겔은 생전에 네 권의 책을 출판했다고 했다. 그 중에 두 권이 변증법을 체계화한 것이라고 할 수 있다. 보통 대논리학이라고 불리는 《논리학》과 소논리학으로 통칭되는 《철학적 제학집성》의 제1부 논리학이 그것이다.

잘 알려져 있듯이 변증법의 도식은 비교적 간단하다. '정긍정'과 '반부정', 그리고 그것이 서로 '지양'되어서 '합부정의 부정'이 나타난다. '합'은 다시 '정'이 되어 위와 같은 변증법의 논리가 반복된다. 또는 '즉자', '대자', 그리고 '즉자

대자'의 도식으로 표현되기도 한다.

　그러나 헤겔에게 변증법은 단순한 논리학의 법칙, 또는 사고방식이 아니다. 그것은 자연과 사회, 그리고 역사에 내재하는 법칙이기도 하다. 따라서 헤겔의 변증법은 논리학이라기보다는 하나의 형이상학이고, 하나의 역사 철학이다. 또한 사회 철학이면서 법철학이기도 하다. 그것을 통칭해서 말한다면, 절대정신의 자기 운동 법칙쯤 될 것이다.

　헤겔의 논리학, 곧 변증법을 잘근잘근 씹어서 요약할 능력이 내게는 없다. 또 그럴 필요도 느끼지 않는다. 그렇다고 헤겔의 변증법을 사기술이라고 쓰레기통에 내버리자는 것은 결코 아니다. 어떤 점에서 우리는 헤겔이 제시한 변증법적 사고에 익숙해져 있다. 아마도 가장 크게는 마르크스에 의해 좀 더 쉽게 이해할 수 있게 다가왔고, 그 밖의 헤겔 제자들에 의해서 사회과학의 방법론으로 쓸모 있게 사용되고 있다. 또 따지고 보면 변증법이 헤겔의 전유물도 아니다. 헤겔에 의해 가장 체계적으로 또는 가장 야심적으로 정리되었지만, 그 뿌리는 그리스 철학에서 찾아볼 수 있다. 물론 유럽을 떠난 곳에서도 그 원형은

수업하고 있는 헤겔. 1828년 작. 석판 인쇄.

얼마든지 찾아볼 수 있다.

다시 헤겔의 논리를 계속 쫓아가자. 정신은 아기처럼 성장을 거듭하다 태 안의 세계에서 나와 태 밖의 세계로 온다고 했다. 변증법으로 풀이하면, 드디어 질적 도약을 해서 합의 단계로 나온 것이다. 물론 이 단계에 이르기까지 정지해 있었던 것은 아니다. 정신은 끊임없이 여러 매개 과정을 거치면서 성장한다. 그 속에서의 경망스러운 움직임, 또 새로운 세계의 탄생을 위해 지루하게 기다리던 권태, 그리고 알지 못하는 세계에 대한 불안 등이 그 과정에 포함되어 있다. 그것은 모든 존재하는 것이라면 예외 없이 겪는 일이다. 그러나 아직도 세계의 외관은 바뀌지 않았다. 그러다가 마침내 새로운 세계로 나온다. 드디어 새로운 탄생이다.

베를린에서 헤겔이 강의한 역사 철학에 이와 비슷한 구절이 나온다.

> "인간은 지금(프랑스 혁명기)에 와서야 사상이 정신적 현실계를 지배해야 한다고 인식하는 단계에까지 이르렀다. 이것은 정신의 찬연한 여명이었다. 이 사고하는(존재로서의) 만인이 이 신기원을 축하했다. 숭고한 감격이 이 시대를 지배했다. 정신의 영광이 세계를 전율하게 했다."

헤겔 철학에 찬성하는 이든, 아니면 반대하는 이든 헤겔의 정신현상학이 프랑스 혁명과 연결되어 있다는 점을 부인하지는 않는다. 프랑스 혁명은 오랜 기간 태내에 있던 아기가 새로운 세상에 나온 것처럼 새로운 탄생이었다. 정신의 여명이었다. 그것은 마치 번개처럼 순식간에 다가왔다. 바뀐 빛이 새 세계를 밝혔다. 신기원이었다. 숭고한 감격이 세계를 전율시켰다. '말을 탄 세계 정신' 앞에서 예나의 헤겔은 무어라 말할 수 없는 느낌에 젖었다.

그러나 헤겔은 말한다. 아직 새 시대는 완전히 오지 않았다. 방금 태어난 아기는 아직 완전한 현실이 아니다. 건물의 기초가 다져졌다고 건물이 현실에서 완성된 것은 아니다. 무슨 뜻인가?

프랑스 혁명은 자유를 수용했다. 그것은 프랑스 혁명에서 말하는 자유가 곧 인간과 시민의 권리를 말하는 데서 알 수 있다. 그런데 헤겔에 있어 자유는 인간이 가지고 있는 '신분'과 관련된다. 헤겔은 인간은 자유를 실현할 때 비로소 자신의 존재를 실현한다고 보았다. 그때 비로소 인간이 되는 것이다. 노예는 그 신분에서 자유롭지 못한 존재다. 자유란 인간이 자신을 잃지 않고 자기 자신을 찾는 것을 말한다. 헤겔의 용어를 빌리면, 자기의식을 갖는 것이다. 그리스 도시국가는 바로 이러한 신분에서 자유인 시민, 곧 자유인을 전제로 성립할 수 있었다. 그러나 그리스와 로마에서는 그 일부만이 자유였다. 인간 스스로가 자유라는 것을 알지 못했다. 그들은 노예를 소유했기 때문에 그 점을 깨닫지 못했다. 역사에서 프랑스 혁명이 처음으로 인간이 자유라는 것을 선언했다.

헤겔은 만년에 쓴 그의 마지막 저서 《법철학》에서 프랑스 혁명을 통해 이런 일이 일어날 수 있었던 것은 인간이 인간이기 때문에 가능했다고 했다. 인간이 어떤 특정 종교를 믿어서 일어난 것이 아니고, 인간이 어떤 특정 국가에서 태어난 것이 아니라 단지 인간이기 때문에 일어난 일이라고 했다. 이 대목에서 우리는 계몽사상가로서의 헤겔을 발견한다.

그러나 프랑스 혁명은 무시무시한 공포 정치도 낳았다. 프랑스 혁명을 계승한다는 나폴레옹은 스스로 자신의 머리 위에 황제의 모자를 씌웠다. 헤겔과 동갑내기인 독일의 작곡가 베토벤은 나폴레옹이 황제가 되었다는 소식을 접하고 그를 위해 작곡한 〈영웅〉 교향곡의 악보를 찢어 버렸다. 그러나 헤겔은 달리 해석했다. 그것은 완전한 현실이 아니었다. 완전한 현실이 되기 위해서는 정신의 매개를 더 기다려야 한다. 그것을 헤겔은 '이성의 간지'로 표현했다. 다시 말해, 역사의 전체 진행은 인간의 의도를 빗나갈 수 있다는 것이다. 역사는 마치 인간이 만들어 나가는 것처럼 보이지만, 역사 속에서 실현되는 것은 개개인의 의도와 그에 따른 결과가 아니라 역사 속에 나타난 이성의 이념, 곧 자유라는 것이다. 말하자면, 헤겔에게 나폴레옹은 그 자신의 의지에 따라 움직이는 영웅이 아니었다. 이성의 간지에 따라 자신이 역사 무대의 주인공이라고 착각하는 배우일 따름이다. 그가 '말을 탄 세계 정신'이라고 감격해 한 대상은 개인 나폴레옹이 아니라, 그 뒤에서 그를 조종하는 이성에 감격한 것이라고 보아야 한다.

그래서 헤겔은 현재에 나타난 모든 것을 수용한다. 다만 그것이 정신에 매개된 것인지, 아니면 매개되지 않은 것인지가 중요할 따름이다. 이성적인 것은 현실적이고, 현실적인 것은 이성적이라는 《법철학》의 유명한 명제도 이러한 배경에서 나온 것이다. 그는 언젠가 절대정신이 스스로 모든 것을 완성하는 역사의 마지막 단계가 올 것이라고 믿어 의심하지 않았다. 그리고 헤겔은 자신이 사는 시대가 역사의 끝자락이라고 생각했다. '역사의 종언', 그것은 정신이 자기를 완벽하게 파악하는 순간이다. 그것은 자유의 완성을 의미하기도 한다. 자유롭게 존재하고자 하는 절대 의지, 곧 절대정신이 구체적인 형태로 실재하는 것을 뜻하기 때문이다.

5 ......

헤겔의 생애를 다룬 한 전기는 그가 임종 직전에도 완결되지 못한 프랑스 혁명의 미래에 관심을 쏟았다고 한다. 그는 인간의 자유를 그토록 강하게 열망한 것인가, 아니면 자유를 실현하는 절대정신이 완성되기를 갈망한 것인가? 그는 역사의 진보를 갈구한 것인가, 아니면 역사의 이성이 완성되기를 바란 것인가?

어느 쪽 손을 들어 주든 헤겔의 완성된 체계 속에서 그 둘은 서로 구분되지 않는다. 자유는 인간 개체로서의 자유가 아니라 개개인의 의지를 뛰어넘는 절대정신의 자유다. 헤겔 철학의 첫걸음은 전체의 틀을 벗어난 개체의 주인 의식에서 출발했으나, 그 종착점은 부분을 전체에 예속하고 개인을 역사의 우연으로 환원시킨다. 헤겔 역사 철학의 핵심은 자유의 진보가 아니라, 자유 의식의 진보다. 헤겔에게 자유 의식이란 자기 동일성을 확인한다는 뜻이다. 곧 타자로 객관화된 자기를 부정하고 다시 자기로 회귀한다는 의미다. 그 자유 의식의 진보는 역사의 순간마다 이루어지는 것이기 때문에, 결국은 미래를 향해 있는 것이 아니라 현재를 인정하는 것이다. 그것은 진보가 아니라 보수라고 불러도 무방하다고 나는 생각한다.

인간 이성이, 또는 엄격한 의미에서 인간 오성이 고정된 형식을 가지고 있지 않다는 점에서 나는 칸트보다는 헤겔의 손을 들어 준다. 역사와 사회의식을 고취시켰다는 점에서 나는 헤겔을 높이 평가한다. 그러나 아무리 훌륭한 이념이나 아무 흠잡을 데 없이 완벽해 보이는 개념도 그것을 절대화하는 순간 절대적으로 부패한다. 대문자와 소문자를 구분하는 유럽 언어에서는 하나의 개념을

1 베를린에 있는 헤겔의 묘. 2 헤겔은 베를린대학 초대 총장을 지낸 피히테 부부와 나란히 누워 있다.

절대화할 때 흔히 대문자를 쓴다. 예를 들어 이성을 reason이 아니라 Reason이라고 표시할 때, 역사를 history가 아닌 History라고 쓸 때 그 기호의 의미는 그 개념을 절대화했다는 뜻인 경우가 많다. 헤겔에게 있어서 이성은 소문자 이성으로 시작해서 대문자 이성으로 끝났다. 헤겔이 말하는 역사는 소문자 역사가 아니라 대문자 역사다.

나는 헤겔 철학의 매력은 모든 것은 역사적이고 사회적이라는 '소문자 철학'에 있다고 믿는 사람이다. 그는 소문자 철학으로 당시 아무도 도전하지 못한 칸트의 선험 철학에 맞섰다. 피히테는 칸트 철학을 그대로 본떠 유명해진 철학자다. 피히테는 익명으로 《모든 계시啓示의 비판 시도》라는 책을 펴냈다. 칸트가 썼을 법한 주제였다. 더욱이 그 문체도 칸트와 비슷했기 때문에 모두 칸트의 저서로 생각했다. 칸트는 그 책이 자신의 저서가 아니라고 밝혔지만, 피히테의 능력만큼은 높이 평가했다. 그 뒤 피히테는 칸트가 둘로 나누어 놓은 순수 이성과 실천 이성을 오로지 후자의 입장에서 통일하려고 노력했지만, 칸트의 벽을 넘지는 못했다.

헤겔의 고향 친구 셸링은 헤겔보다 다섯 살 아래지만, 철학 입문은 그보다 훨씬 빨랐다. 23세에 예나대학 교수로 임명된 후, 헤겔을 예나대학으로 끌고 온 사람도 셸링이었다. 헤겔은 예나대학 시절에 피히테와 셸링의 철학을 비교한 논문을 쓰기도 했다. 그때까지 헤겔은 연하의 고향 친구이자 튀빙겐대학의 동창이기도 한 셸링을 연구하는 셸링의 사람일 따름이었다. 철학사에서는 셸링을 자연을 정태적인 시각에서 파악한 피히테에 반대해 자연을 끊임없이 운동하는 유기체로 규정함으로써 칸트 철학에서 헤겔 철학으로 이어지는 교량 역할을 했다고 평가한다. 그러나 재기가 뛰어난 셸링은 자신의 관점을 계속 바꾸어 나갔기 때문에 그의 철학을 한마디로 규정하기에는 어려운 점이 있다. 그래서 셸링의 책들은 한 사람이 썼다고 믿어지지 않는다는 평가를 듣기도 한다. 셸링은 사실 35세 이후에는 철학보다는 문학 쪽에 더 관심을 기울였다.

혜겔은 고집스럽게 한 우물을 팠다. 그리고 야심만만한 피히테와 재기가 번쩍이는 셸링도 감히 넘지 못한 칸트 철학의 벽을 허물었다. 나는 칸트 철학의 벽을 허문 것은 혜겔이 남긴 많은 책과 논문 때문이라고 생각하지 않는다. 뛰어난 강의 솜씨와 글재주 때문이라고 생각하지도 않는다. 이성도 사회 역사적 성격을 가지고 있다는 점을 집요하게 밀고 나간 소문자 철학의 힘이라고 믿는다. 그리고 아직도 사회 철학과 역사 철학, 그리고 사회과학의 여러 분야에서 혜겔 철학을 재해석하는 것은 바로 그 점 때문이라고 생각한다.

그러나 혜겔 철학을 체계로 접근하는 것은 혜겔 철학의 힘은 버리고, 쇼펜하우어와 포퍼가 맹비난한 프로이센 군국주의의 철학을 읽는 셈이 된다. 20세기 전반기와 후반기에 각각 몰락한 파시스트 국가와 소비에트 공산 국가에서 혜겔 철학이 크게 작용했다는 것은 우연이 아니다. 엄밀하게 말해서 그것은 혜겔의 죄가 아닐 것이다. 그를 단순히 프로이센 어용 철학자로 보는 것도 균형 감각을 가진 평가는 아닐 것이다. 그러나 혜겔의 표현대로라면, 그것은 역사의 간지인지도 모른다. 좌익 전체주의와 우익 전체주의의 망령이 백마에 태워 보낸 전체주의의 사도라고 하면, 그는 어떻게 변명할 것인가?

6 :::::

알프스 산맥 아래 자리한 흑림에 있는 아름다운 도시 슈투트가르트에서 태어나 독일의 여러 도시를 전전했던 헤겔은 말년을 베를린에서 보냈다. 그가 베를린에서 보낸 기간은 13년. 오랜 기간이라고 할 수는 없다. 그러나 그가 베를린의 철학자로 기억되는 이유는 한때 베를린대학 총장을 지냈고, 지금도 베를린에서 피히테와 나란히 영면하고 있기 때문만은 아니다. 그는 사후에 베를린과 운명을 함께해 왔다. 그의 본뜻이었든 아니든, 독일 제국들은 헤겔 철학에 힘입은 바가 컸다. 베를린이 동서 냉전의 한복판이 되었을 때도 헤겔 철학은 항상 뜨거운 감자였다.

그의 철학은 필요 이상으로 과대 포장되거나 또는 불필요하게 비난을 받기도 했다. 아마도 한 철학자의 사상이 그렇게 큰 반향을 불러일으킨 경우도 드물 것이다. 그래서 그에게는 엉뚱한 뒷이야기가 따라다니기도 한다. 그가 임종 직전에 이야기했다는 "나의 제자들 중에 나를 이해한 제자는 딱 한 사람이었다"는 전설 같은 한 토막도 그렇다. 그 뒷이야기는 이렇게 더 이어진다. 그러나 헤겔의 마지막 유언은 "아냐, 그 사람도 나를 완전히 이해하지는 못했어"라는 것이다. 사실인가? 헤겔을 거의 이해할 뻔한 그 제자는 미슐레. 이쯤 되면 사실로 믿어 주어야 하지 않겠는가? 그냥 믿기로 하자. 사실보다 더 사실 같은 이야기니까.

이 이야기는 아직도 "내일 세계의 종말이 오더라도 나는 한 그루의 사과나무를 심겠다"는 스피노자의 말과 함께 사실보다 더 사실 같은 이야기로 전해 내려오고 있다.

　궁금하다면 앞에서 약속한 '외화' 또는 '소외' 개념을 설명하지 않고 넘어간 빚을 대신해서 정답을 말하겠다. '외화' 개념은 다음 장 마르크스 철학 여행에서 설명하기로 하고, 저 헤겔의 유언은 피히테가 한 말이다. 물론 임종 직전에 한 말은 아니다. 피히테 철학을 이해했다고 인정받았다가 번복된 사람은 셸링이다. 사과나무 발언은? 스피노자가 한 것이 아니다. 1960년대의 미국 흑인 인권운동가 마르틴 루터 킹 목사가 한 말이다. 그런데 왜 그렇게 알려졌냐고? 그건 필자도 모른다.

영 국 U n i t e d   K i n g d o m

글래스고
에든버러
리버풀
맨체스터
런던

9 근대 프로젝트를 새로운 틀로 바꾸다 ∷ 런던

대영 제국의 영광이 절정에 올랐던 빅토리아 시대에 런던에 살던 노동자 계급의
평균 수명은 28세. 런던은 그래도 사정이 나은 편이다. 산업혁명의 탄생지인 맨체스터에서는
노동자의 평균 수명이 17세, 리버풀에서는 15세였다. 그 당시 영국 노동자들의
열악한 환경을 짐작하게 한다. 마르크스는 런던 대영 도서관에 출근하다시피 하면서
자본주의를 분석했다. 《자본론》은 마르크스가 과학적 사회주의라고 부르던
공산주의에 대한 설계도가 아니라, 자본주의의 붕괴에 관한 예언서에 더 가깝다.

1 ∙∙∙∙∙

소호는 예술의 거리다. 런던이 자랑하는 크고 작은 뮤지컬 극장들이 소호를 중심으로 퍼져 있다. 허름하지만 개성 있는 맛집과 술집이 많은 곳으로도 유명하다. 이곳은 예술가와 배우, 그리고 자유스러운 분위기를 사랑하는 사람들의 거리다. 서울로 치면 충무로쯤 된다고 할까? 파리에 비유하자면 몽파르나스 거리, 뉴욕으로 치면 같은 이름을 가진 소호에 해당된다고 할 수 있을 것이다. 사람이 몰리는 곳이 으레 그렇듯 이곳은 낮에는 쇼핑의 거리, 밤이면 붉은 등이 켜지는 환락의 거리다.

해가 뉘엿뉘엿 저물 무렵 소호의 선술집 앞에 나서면 생맥주 한 잔을 들고 거리에서 담소를 나누는 사람들을 쉽게 볼 수 있다. 음료수와 맥주, 그리고 간단한 요깃거리를 제공하는 이런 선술집을 영국에서는 '펍'이라고 부른다. 카페 없는 파리를 생각할 수 없듯이 펍 없는 런던도 생각하기 힘들다.

소호의 남동쪽에 '붉은 사자' 펍이 있다. 정확한 주소는 그레이트밀즈 스트리트 20번지. 유명한 펍이냐고? 글쎄, 맥주 맛이 좋지는 않다. 그렇다고 선남선녀가 모여드는 물 좋은 곳도 아니다. 그래서 펍의 명소를 빠짐없이 소개하는 런던 관광 가이드 책에도 이곳은 등장하지 않는다. 맥주 맛은 밍밍하고, 값도 비싼 편이다. 이렇게 형편없는 집이 오랫동안 망하지 않고 장사를 할 수 있었던 이유는 딱 하나다. '공산당 선언'이 여기서 태어났기 때문이다.

'공산당 선언'을 쓴 칼 마르크스는 소호에서 살았다. 그는 독일 라인강 하류에 있는 티에르에서 태어났지만, 30대 이후의 삶은 영국 런던에서 보냈다. '공

'공산당 선언'이 태어났으며, 마르크스가 강연을 자주 했던 소호의 붉은 사자 펍.

산당 선언'을 작성한 곳도, 《자본론》을 집필한 곳도 런던이다. 만일 마르크스에게 소호 시절이 없었다면, 그는 평범한 헤겔 좌파 철학자 가운데 한 명으로 기록되었을지도 모른다.

마르크스가 국적 없는 혁명가로 런던에서 살던 때는 19세기 후반 '빅토리아 시대'의 한복판이었다. 빅토리아 시대는 영국이 지금도 자랑스럽게 생각하는 영광의 시기다. 영국이 세계의 중심으로 우뚝 섰던 '팍스 브리태니커'의 시대다. 그러나 그 빛이 밝은 만큼 어두운 그림자가 길게 드리워진 때이기도 하다. 요즈음 말로 표현하자면 양극화다. 아니, 양극화의 원조가 바로 빅토리아 시대의 영국 사회다. 마르크스는 그 양극화의 정체를 최초로 꿰뚫어 본 사람이다. 그리고 그 정체를 가장 예리하게 파헤친 사람이라고 할 수 있을 것이다.

오늘날 소호는 개인의 창의력을 자극하는 영국 문화 산업의 메카다. 그러나 마르크스가 살던 당시의 소호는 런던의 서쪽 끝에 자리한 빈민굴이었다. 거리에는 일거리를 찾아 헤매는 실업자와 도둑, 그리고 창녀가 들끓었다. 소호에 대저택을 가지고 있던 상류 사회 인사들은 조용히 이곳을 떠나고, 마르크스같이 낯선 이방인들이 그 자리를 채웠다. 그 무렵 소호에 사는 이들은 영국의 지방에서 왔든, 유럽에서 도버 해협을 건너왔든, 뿌리 뽑힌 삶을 사는 사람들이었다.

2 ·····

'붉은 사자' 펍이 있는 그레이트밀즈 거리에서 대영 박물관 방향으로 5분 정도 걸으면 딘 스트리트가 나온다. 아마 그레이트밀즈 거리는 예전에 방앗간이 자리한 거리였을 테고, 딘 거리에는 영국 성공회 사제가 살고 있을 것이다. 딘은 영국 성공회 사제를 뜻한다. 이 거리 28번지 앞에서 발걸음을 멈춘다. 마르크스가 살았던 집이다.

2층 창문 사이에 칼 마르크스가 여기서 살았다는 푸른색 동그라미 안내판이 붙어 있다. 지름이 19인치인 저 푸른 동그라미 안내판을 영국에서는 '청색 플라크'라고 부른다. 1864년 영국 왕립협회에서 낭만파 시인 바이런이 살던 집을 표시하기 위해 처음 동그라미 안내판을 붙인 것이 계기가 되어, 런던 시는 역사적인 인물이 살았던 곳에 푸른색 동그라미 안내판을 붙여 놓는다.

지금도 저곳에 사람이 살고 있을까? 저 안은 어떻게 생겼을까? 그곳에 들어가서 확인할 수는 없다. 그러나 크게 아쉬워할 필요도 없다. 마르크스가 저 집에 살았던 기록은 차고 넘칠 만큼 많다. 1851년의 런던 인구센서스에는 28번지 거주자 이름을 찰스 마르크스로 표시하고 있다. 새삼 설명할 필요 없이 찰스 마르크스는 칼 마르크스를 가리킨다. 독일어 이름 '칼'을 영어로 표기하면 '찰스'가 된다. 칼이 프랑스에 가면 이번에는 '샤를르'가 된다.

당시 기록에는 이 집의 거주자로 마르크스 부부와 다섯 명의 자녀, 그리고 하인과 하녀 이름이 함께 등장한다. 그 하녀는 마르크스의 아이를 낳았다고 소문이 난 처녀 렌첸이다. 마르크스 가족 일곱 명에 군식구 두 명까지 같이 살았

다고 꽤 넓고 좋은 집이라고 생각하면 착각이다. 저 집은 방 두 개짜리 '플랫'
이다. 플랫이란 아파트를 가리키는 영국식 표현이다. 단독주택보다 아파트를
선호하는 지금 우리의 거주 문화를 생각하면 이상하게 들릴지 모르지만, 영국
에서 플랫은 가장 못사는 사람들이 사는 곳으로 통한다.

영국에서는 집을 크게 4등급으로 나눈다. 1등급은 집 한 채를 몽땅 쓰는 것
이다. 2등급은 집을 좌우 대칭으로 똑같이 만들어서 두 가족이 나누어 쓰는 것
이다. 전자를 독립주택, 후자를 반 독립주택이라고 부른다. 3등급은 집을 길게
지은 뒤에 그것을 여러 토막으로 나눈 것이다. 그러한 집을 테라스 하우스라고
부른다. 이름은 예쁘지만, 테라스 하우스는 가난한 노동자들이 사는 집이다.
산업혁명으로 도시로 몰려든 노동자들이 살 집이 크게 부족하자 짧은 시간에
짓기 위해 고안된 집이기 때문이다. 독립주택이 부자가 사는 집이고, 반 독립
주택이 주로 화이트칼라들이 사는 집이라고 한다면, 테라스 하우스는 블루칼
라들이 사는 고약한 집의 대명사다. 지금도 산업혁명 시대에 우후죽순 격으로
생겨난 중부 잉글랜드 도시들의 주택은 이러한 테라스 하우스가 주종을 이룬
다. 그런데 플랫은 이 테라스 하우스보다 더 형편없는 집으로 통한다. 왜냐하
면 테라스 하우스를 위로 겹겹이 포개 올린 것이기 때문이다. 그래서 플랫은
테라스 하우스보다 더 낮은 4등급이다. 쉽게 이야기하면, 영국에서 말하는 플
랫이란 우리나라 산업화 시대에 공장 근처에 많았던 '닭장' 집과 비슷하다고
생각하면 크게 다르지 않다.

이런 집에 살면서 어떻게 하인과 하녀를 두었냐고 물으면, 우리나라에서 도
시화가 한창 진행되던 지난 1960년대에 끼니를 걱정하는 가난한 집에서도 식
모를 두었다는 점을 떠올리면 된다. 지금처럼 사람 숫자대로 방이 필요한 것이

마르크스가 살았던 소호의 집과 마르크스가 1851년에서 1856년까지
살았다는 사실을 기록한 푸른색 동그라미 안내판.

아니다. 월급을 주고 사람을 고용했던 것도 아니다. 마르크스가 이 집에서 어떻게 살았는가 하는 생생한 기록이 하나 있다. 프로이센 정부 요원이 기록한 것이다.

"런던에서 가장 열악한 곳, 곧 가장 싸구려 지역에서 그는 방 두 개를 사용하고 있다. 거리로 향한 쪽에 거실이 있고, 그 뒤에 침실이 있다. 플랫 안에서는 깨끗하거나 멀쩡한 가구는 하나도 찾을 수가 없다. 부서졌거나 삐걱거리거나, 또는 찢어져 있다. 손가락 두께의 먼지가 켜를 이루고 있으며, 어수선하기 짝이 없다. 거실 한가운데 낡고 커다란 식탁이 하나 놓여 있다. 그 식탁 위로 원고와 책, 그리고 신문 등이 아이들의 장난감, 그의 아내가 쓰는 바느질 도구, 이 빠진 찻잔, 더럽기 짝이 없는 숟가락, 칼, 포크, 램프, 잉크 병, 물컵, 네덜란드산 담뱃잎, 재떨이 등과 함께 온통 뒤섞여 있다. (중략) 만일 당신이 처음 마르크스의 플랫에 들어가면 담배 연기와 석탄 매연 때문에 동굴에 들어간 것처럼 헤맬 것이다. 차츰 눈이 익숙해지면 몇 개의 사물이 눈에 들어온다. 모든 게 더럽고 먼지로 가득하다. 앉는 것도 위험하다. 의자 다리가 세 개뿐이다. 식당 쪽에서는 아이들이 의자 위에서 놀고 있다. 의자가 제공된다. 만일 거기에 앉는다면, 바지가 어떻게 될지 모른다. 그런데 마르크스와 그의 아내는 머뭇거리거나 당황스러워 하는 구석이 하나도 없다. 당신은 아주 친절하게 접대를 받을 것이다. 파이프 담배를 권할 것이고, 무언가 있는 것이 있다면 그것을 내놓을 것이다. 그리고 생기 있는 대화가 부족한 부분을 채우면서, 마침내 당신은 이 모든 것이 흥미롭게 여겨지고, 심지어는 독창적이라고 생각하게 될 것이다. 이것이 공산주의 지도자 마르크스 가족의 생활이다."

런던 조사국이 1966년에 공개한 자료를 보면, 이 건물의 역사가 마치 부처님 손바닥에 놓인 것처럼 드러난다. 이 4층 건물은 1734년에 지어졌으며, 집 주인이 누구고, 당시 마르크스가 낸 1년 임대료는 연 24파운드였으며, 이웃들이 누구였다는 것까지 기록되어 있다. 마르크스는 1849년 8월에 영국에 왔고, 이 집에 오기 직전에는 어느 여관에 머물렀다는 점도 밝혀 놓았다. 또 이곳에 오기 전에는 지금은 철거된 딘 스트리트 64번지 건물에 살고 있었다는 사실과 함께, 이 집에는 1851년 1월 또는 2월에 입주해서 살다가 1856년 10월에 켄티시 타운의 그라프톤 테라스 9번지로 이사했다는 사실도 기록되어 있다. 이럴 때마다 나는 영국에 대해 깜짝깜짝 놀란다.

마르크스가 유명 인사였기 때문에, 또는 요시찰 인물로 분류되었기 때문에 특별 관리된 것은 아니다. 모든 번지에 이와 비슷한 건물의 역사가 다 기록되어 있다. 아마도 영국에서 살았던 경험이 있는 필자에 대한 기록도 어딘가에 잘 보관되어 있을 것이다. 이렇게 사소한 기록도 버리지 않고 잘 정리 보관했다가, 필요할 때 그것을 종으로 횡으로 연결해서 그럴듯한 보고서로 만들어 공개하는 것이 전형적인 영국의 특성이다.

그런데 기록을 꼼꼼히 살펴보면 마르크스가 영국에서 가장 오랫동안 살았던 곳은 소호가 아니다. 그가 소호에서 산 기간은 10년이 채 안 된다. 반면에 런던 유스턴 역 북쪽에 있는 켄티시 타운 근처에서는 20년을 넘게 살았다. 특히 모데나 빌라스 1번지에서 10년 넘게 살았다. 그곳은 소호의 플랫이나 그라프톤 테라스 집에 비해 임대료가 2배 정도 비싼 꽤 좋은 집이다. 마르크스는 거의 은 둔 생활을 했던 소호 시절에 비해 모데나 빌라스 시절에는 집에서 파티도 자주 열었고, 그의 세 딸을 등록금이 비싼 인근 사립학교에 입학시키기도 했다.

가난하고 억압된 노동자의 천국을 꿈꾸었던 마르크스가 소호를 빠져나와 좋은 집에서 사치스럽게 살았다는 사실은 마르크스를 공격하는 단골 소재 중의 하나다. 이렇다 할 소득이 없던 마르크스가 소호 시절 이후에는 어떻게 사치스럽게 살 수 있었는가 하는 점은 지금도 호사가들의 관심을 자극한다.

마르크스의 경제 형편이 나아진 것에 대해서는 여러 설명이 있다. 그는 미국의 진보적 신문인 《뉴욕 헤럴드 트리뷴》의 유럽 통신원으로 주 1회 기사를 보냈다. 이 기사의 원고료가 그가 영국 생활에서 벌어들인 공식 소득원의 전부지만, 그 액수는 미미한 편이었다. 또 '붉은 사자' 펍 2층에서 정기적으로 강연을 했다고는 하지만, 그것은 돈을 받고 하는 일이 아니었다.

가장 큰 도움이 되었던 것은 그의 평생 친구이자 협력자인 프리드리히 엥겔스에게서 받은 후원금이었을 것이다. 당시 엥겔스는 맨체스터에서 방적 공장을 경영 관리하고 있었다. 맨체스터는 지금 우리에게는 축구의 도시로 다가오지만, 처음에는 조그만 광산 지대였다가 산업혁명으로 태어난 세계 최초의 산업 도시다. 철도가 세계에서 처음 놓인 곳도, 산업혁명의 불이 점화된 곳도 바로 맨체스터다. '코트노폴리스', 곧 '방적 도시'는 19세기 맨체스터를 부르는 또 하나의 이름이다.

맨체스터에서 프리드리히 엥겔스가 본 것은 영국 노동자들의 참상이었다. 맨체스터에 있는 '에르멘과 엥겔스' 방적 공장의 관리인으로 엥겔스를 보낸 사람은 그의 아버지였다. 그곳에서 일하다 보면 좌파 헤겔 철학에 물들어 있는 아들의 급진적인 사고가 수그러질 것이라고 기대한 아버지의 희망과는 달리,

엥겔스는 그곳에서 더 급진적이 되었다. 엥겔스는 자기가 목격한 것을 기록한 〈1844년 영국 노동자 계급의 조건〉이라는 글을 쓰는 한편, 영국의 진보 언론에 다수의 글을 기고했다. 1844년 8월, 엥겔스는 파리의 한 카페에서 마르크스를 만났다. 그 뒤 마르크스와 엥겔스는 바늘과 실의 관계였다. 마르크스에게 영국의 정치경제학을 연구하라고 권한 사람도, 마르크스를 영국에 망명하게 한 사람도 엥겔스다. 그는 마르크스와 함께 '공산당 선언'을 작성했으며, 마르크스가 죽은 뒤에는 그의 유고를 모아 《자본론》 2권과 3권을 출간했다. 경제 형편이 좋지 않은 마르크스에게 꾸준히 생활비를 후원한 사람도 엥겔스다.

몇 해 전에 영국 BBC 방송은 마르크스가 주식 투자를 했다는 흥미로운 사실을 밝혀낸 적이 있다. 그 증권 교부서에는 'Karl Marx'가 아닌 'Carl Marx'로 친필 서명한 것이 선명하게 보인다. 직업칸에는 철학 박사라고 기록되어 있다. 그가 투자한 곳은 '인더스트리얼'이라는 노동자 신문을 발행하는 회사다. 투자 액수는 4파운드. 당시로서는 꽤 큰 돈이다. 이 신문사는 1883년 경영난으로 문을 닫았다고 기록되어 있다.

그러나 마르크스가 소호를 떠날 수 있었던 결정적인 계기는 마르크스의 아내 제니가 유산을 상속받았기 때문이다. 제니의 정식 이름은 요한나 폰 베스트팔렌. 그녀는 프로이센 남작이자 훔볼트대학의 교수였던 요한 루트비히 베스트팔렌의 딸이다. 독일인 이름 다음에 '폰von'이라는 독일어 전치사가 나오면 귀족 출신이라고 보면 틀림없다. 그녀는 높은 수준의 교육을 받은 지적인 여성으로 알려져 있다. 마르크스 연구가들은 《자본론》을 쓸 때 제니가 편집을 도와주었을 것이라고 짐작한다. 제니가 사망한 뒤, 그녀의 역할은 셋째 딸 엘레노아의 몫으로 돌아간다.

마르크스는 일곱 명의 자녀를 두었다. 그러나 넷은 어려서 죽고, 세 딸만 살아남았다. 청색 플라크가 붙은 딘 거리 28번지에서만 두 명의 아이가 태어나고, 두 명의 아이가 죽었다. 그 중 한 아이는 이름을 지어 주기 전에 죽었으며, 아이를 묻을 관을 살 돈이 없어 노심초사했다는 기록도 남아 있다. 그에게 소호 시절이 얼마나 모진 세월이었는지 짐작하게 한다. 그가 더 오랫동안 살던 집을 제치고 소호의 딘 거리 28번지에 청색 플라크가 붙어 있는 이유도 바로 그 무렵이 가장 드라마틱했기 때문일 것이다.

3 ·····

소호에서 대영 박물관은 아주 가까운 거리다. 마르크스가 대영 박물관 안에 있는 대영 도서관을 거의 매일 출근하다시피 이용했다는 것은 잘 알려진 사실이다. 그는 이곳에서 《자본론》과 《자본론》의 초고라고 할 수 있는 《경제학-철학 수고》를 집필했다.

대영 도서관은 지금 대영 박물관 안에 있지 않다. 도서 자료가 많아지면서 대영 박물관에서 떨어져 나와 별도의 건물을 가지고 있다. 그러나 중앙 열람실만큼은 여전히 대영 박물관 안에 있다. 일종의 전시용인 셈이다. 창문이 많은 중앙 열람실은 자연 채광이 잘 되어 있다. 한구석에 대영 박물관의 중앙 열람실을 자주 이용했던 역사적 인물들의 이름이 빼곡히 적혀 있다. 물론 칼 마르크스의 이름도 눈에 띈다.

대영 도서관 중앙 열람실에서 잠시 엉뚱한 생각을 해본다. 만일 대영 도서관이 없었다면, 《자본론》이 태어날 수 있었을까? 마르크스 스스로가 '낡은 헛간'라고 부른 그의 집에서 《자본론》을 쓰기는 매우 힘들었을 것이다. 집이 비좁아서 집필하기 힘들었다는 이야기가 아니다. '공산당 선언' 같은 선전용 글은 자료 없이 집필할 수 있지만, 《자본론》 같은 대작을 쓰기 위해서는 문헌과 자료가 반드시 뒷받침되어야 한다.

사람들은 마르크스의 삶을 파란만장하다고 말한다. 사실이다. 그렇지 않았다면 루터교로 개종한 유대인 법률가의 셋째 아들로 태어나 세상살이 험한 줄 모르고 살고, 본대학에 들어가서는 '티에르 음주 클럽'에 가입해 맥주 퍼마시기를 기쁨으로 삼았던 부잣집 도련님이 어떻게 하루아침에 혁명가가 되었겠는가? 아버지의 권고로 베를린대학에서 헤겔을 만난 것이 혁명가로 가는 징조였는지 모른다. 그는 위험한 '좌파 헤겔 학도'로 낙인찍혀 베를린대학이 아닌 예나대학에서 박사 학위를 받았다. 그 후 7년간 그는 몸과 마음이 모두 바쁜 전형적인 혁명가의 삶을 살았다. 유럽의 거의 모든 나라가 혁명의 몸살을 앓던 1848년까지, 그의 삶은 파란만장했다. 그의 나이로 보면 30세까지다.

그러나 30대 이후의 마르크스의 삶은 오히려 단조롭다. 그는 대영 도서관을 매일 출근하다시피 하면서 자본주의를 분석했다. 우리가 자주 착각하는 점인데, 마르크스의 《자본론》은 그가 과학적 사회주의라고 부른 공산주의에 대한 설계도라기보다는 자본주의의 붕괴에 관한 예언서에 더 가깝다. 엄밀하게 말하면, 20세기 세계를 양분했던 정치·경제 체제로서의 공산주의는 마르크스의 작품이 아니라 마르크스 제자들의 작품이다. 콕 짚어서 말하면, 러시아 혁명은 레닌의 작품이고, 소비에트 사회 체제는 스탈린의 작품이라고 할 수 있다.

물론 하나의 철학적 주장과 그에 기초한 사회 체제로서의 이념 또는 이데올로기를 무 자르듯이 딱 잘라서 구분할 수는 없다. 20세기에 시도되었던 공산주의 실험도 그렇다. 공산주의의 출범이 마르크스 철학에서 비롯되었다면, 공산주의가 몰락한 원인을 마르크스 철학을 건너뛰고 레닌과 스탈린 탓으로만 돌릴 수는 없다.

지금은 거품이 꽤 사라졌지만, 마르크스에 대한 평가는 여전히 양극단을 왔다갔다한다. 한쪽에서는 아직도 그를 신과 같은 오류가 없는 사상가로 받들고 있으며, 다른 한쪽에서는 그를 악마처럼 위험한 사상가로 경계하고 있다. 나는 그 거품이 더 꺼지기를 희망한다. 너무나 당연한 이야기지만, 그는 신도 악마

대영 도서관 중앙 열람실. 마르크스의 《자본론》이 태어난 곳이다.

도 아니다. 누구나 그렇듯이 그는 인간적인 장점과 약점을 동시에 지닌 사람일 따름이다. 그의 철학도 그렇다. 다른 이의 철학이 그러하듯이 장점과 단점을 동시에 가지고 있을 뿐이다.

마르크스 철학이 이렇게 극과 극을 달리는 평가를 받는 까닭은 아마도 그의 철학을 사회주의와 동일시하기 때문일 것이다. 그래서 어떤 이는 마르크스 철학에 토대를 둔 20세기 소련과 동구 공산주의의 실패를 곧 사회주의의 실패라고 규정한다. 소련과 동구의 몰락과 함께 사망했기 때문에 사회주의 이념을 폐기 처분해야 한다고 말하는 이도 있다. 과연 그런가?

아니다. 하나의 예만 들어 보자. 마르크스와 비슷한 시대에 런던에서 살았던 사회주의자들이 있다. 그들은 마르크스와 같이 빅토리아 시대의 어두운 그림자를 신랄하게 고발했으며, 마르크스처럼 사회주의 이상을 꿈꾸던 이들이다. 단지 혁명으로 일시에 사회주의를 건설하는 것이 아니라, 점진적인 개혁으로 사회주의 사회로 바꾸어 나가자는 점이 다를 뿐이다. 그들의 실험은 지금도 계속되고 있다. 그 사회 운동은 '페이비어니즘'이다.

페이비어니즘은 마르크시즘과는 달리 그 이념을 체계화해서 선언한 적이 없다. 구체적인 강령도 없다. 다만 하나의 공통된 인식이 있을 뿐이다. 그것은 사회주의 이상을 실현하기가 힘들다고 결코 포기하지 말고, 끈질기게 하나씩 실현해 가자는 것이다. 그들은 노동조합을 결성하고, 노동당을 만들고, 그리고 의회라는 제도 정치를 통해서 사회주의 이념을 실현하고 있다. 현재 영국의 집권 노동당은 그 이념의 뿌리가 페이비언주의에 있다. 노동당 정부의 주요 인사들도 모두 페이비언주의자다. 고든 브라운 영국 총리가 그렇고, 지금은 물러난 토니 블레어 전 영국 총리도 역시 페이비언주의자다. 그들이 지향하는 사회주의는 역사책에 존재하는 과거형이 아니라, 지금도 계속되는 현재 진행형이다.

이론적으로 보면, 마르크시즘도 아니고 페이비어니즘도 아닌 다른 형태의 사회주의자도 얼마든지 있을 수 있다. 마르크시즘은 사회주의의 한 종류일 뿐이지, 그 자체가 사회주의를 뜻하는 말은 아니기 때문이다. 좀 현학적으로 표현하면, 사회주의는 '포괄적 용어'고, 마르크시즘이나 페이비어니즘은 사회주의의 '부분집합'에 해당한다.

말을 올바로 사용해야 생각이 올바르게 정리된다. 그것은 양의 동서를 떠나 학문을 하는 첫걸음이다. 그래서 모든 학문적인 용어는 그 뜻을 엄밀하게 정의하고 있다. 그런데 어떤 용어는 하나의 정의로 그 뜻이 충분히 살아나지 않는 경우가 있다. 그럴 때는 '하위 용어'를 모두 포괄하는 '상위 용어'로 설명해야 더 효과적이다. 그러한 용어를 일컬어 '포괄적 용어'라고 말한다. 사회주의는 이러한 포괄적 용어에 해당한다.

정치철학적 측면에서 사회주의는 인간의 평등을 최우선 가치로 놓는 이념이다. 바로 이 점 때문에 사회주의는 인간의 자유를 최우선으로 하는 자유주의와 때로 충돌하기도 한다. 사회철학적 측면에서는 사회주의는 개인보다 공동체를 중시한다. 이 점에서 사회주의는 개인을 앞세우는 개인주의와 충돌한다. 또 경제제도적 측면에서 사회주의는 재산과 부에 대한 사회 공동체의 통제를 보다 신뢰한다. 이 점에서 사회주의는 정부 또는 사회 공동체의 통제보다 시장의 역할을 더 앞세우는 자본주의와 충돌한다.

여기서 사회주의에 대한 교과서적 풀이를 하는 이유는 마르크시즘과 사회주의의 연결 고리를 정확하게 보자는 뜻에서다. 마르크시즘은 사회주의의 한 부분집합이지, 마르크시즘이 곧 사회주의와 동의어는 아니라는 점을 강조하기 위해서다. 이렇게 본다면 마르크시즘에 기초한 20세기 소련과 동구의 실험이 실패했다고 해서, 사회주의 이념을 쓰레기통에 통째로 버릴 수는 없다.

인간에게 자유가 더 소중한가, 아니면 평등이 더 소중한가, 그리고 만일 자유와 평등의 이념이 서로 충돌할 때는 이를 어떻게 풀어야 하는가 하는 문제는 여전히 우리가 해결해야 할 큰 과제 중의 하나다. 인간 세계를 구성하는 기본 단위가 개인인가, 아니면 사회인가 하는 문제는 영국의 사학자 E. H. 카가 적절하게 말했듯이, 닭이 먼저냐 아니면 달걀이 먼저냐 하는 문제처럼 여전히 수수께끼다. 인간의 존엄성을 훼손하지 않으면서 경제 효율을 높이기 위해 시장의 기능을 앞세울 것인가, 아니면 정부의 역할을 강조할 것인가 하는 문제는 지금도 세계 모든 나라의 정책 당국자가 안고 있는 고민거리기도 하다. 이러한 문제들은 결론이 내려진 문제가 아니다. 지금 우리가 풀어야 하는 현재의 문제다.

오해의 여지를 없애기 위해서 밝혀 두자면, 필자는 정치철학에서 자유보다 평등을 더 중시하는 사회주의자가 아니다. 사회철학에서 개인보다 집단을 더 중시하는 사회주의자도 아니다. 경제 체제에서 시장보다 사회 공동체의 통제를 더 중시하는 사회주의자는 더더욱 아니다. 그렇다고 그 반대편에 서 있는 자유주의, 개인주의, 그리고 시장주의를 전적으로 지지하지도 않는다. 자유와 평등, 개인과 사회, 그리고 시장과 정부의 역할이 적절하게 조화를 이루어야 한다고 믿는 사람이다. 서로 대척 관계를 이루는 위와 같은 가치의 산술적 평균으로서의 중도를 말하는 것이 아니다. 우리가 살고 있는 구체적인 삶에서는 위에서 열거된 소중한 가치들이 서로 녹아 있고, 또 우리가 살아가야 할 사회는 마땅히 그런 방향으로 가야 한다고 생각하기 때문이다.

그래서 나는 소련과 동구에서 시도한 공산주의 실험을 사회주의의 실패라고 보지 않는다. 자유의 이념과 함께 인간 존엄성의 핵을 이루는 평등 이념이 현실 세계에서 실현되기는 불가능하다는 것을 보여 준 역사적 교훈이라고 생각하지도 않는다. 공공선을 지향하는 사회 공동체의 꿈이 실현되기는 불가능하다는 것을 보여 준 사례라고도 생각하지 않는다. 정부와 사회 공동체의 통제를 최소화하고 시장의 역할을 최대화하는 것이 바람직하다는 시장 중심주의의 영원한 승리라고 생각하지도 않는다. 그것은 단지 마르크시즘에 기초한 소련 공산주의의 실패일 따름이다. 그 이상도 그 이하도 아니다.

마르크시즘을 절대 진리로 숭상해 온 소련 공산주의는 몰락했다. 균형과 견제의 원리를 무시한 절대 권력이 절대로 부패하듯이, 비판 정신을 허용하지 않는 절대 이념은 절대로 부패한다. 철학은 항상 비판 정신을 먹고산다. 철학의 생명력은 이러한 비판 정신에 있다. 마르크스 철학도 예외는 아니다. 마르크스 철학이 가진 생명력은 자본주의 사회에 대한 예리한 비판에 있지, 이른바 과학적 사회주의에 대한 절대화에 있지 않다.

그 어떤 철학도 비판을 허용하지 않고 절대화하는 순간, 그 철학은 부패할 수밖에 없다. 필자가 명사로서의 철학이 아니라 동사로서의 철학을 강조하는 이유이기도 하다.

같은 맥락에서 나는 소련 공산주의의 몰락을 자유주의와 개인주의, 그리고 시장주의의 최종 승리라고 해석하는 주장에 대해서도 반대한다. 소련 공산주의의 몰락은 사회주의의 몰락이 아니라, 마르크시즘을 무오류 진리로 강제한 절대주의의 몰락으로 보아야 한다. 사회주의를 변호하기 위해서가 아니다. 자유주의를 수호하기 위한 것이기도 하다. 만일 평등과 사회 공동체의 이상, 그리고 공공선에 의한 시장의 통제 등을 제거한다면, 자유주의 역시 위험하다.

절대화된 사회주의가 스스로 무너져 버린 것처럼, 자유주의도 스스로를 절대화할 때 같은 운명에 빠질 수밖에 없다.

모든 이념은 인간을 위한 것이다. 이 평범하고 너무나 당연한 사실을 잊어버리고 우리가 이념의 옷에 인간을 억지로 맞출 때, 이념은 괴물이 된다. 그 순간 우리는 이 괴물의 노예로 전락한다.

4 ·····

　런던 웨스트엔드를 거닐며 나는 찰스 디킨스의 소설을 떠올린다. 디킨스는 셰익스피어와 함께 영국의 위대한 이야기꾼으로 꼽히는 소설가다. 그는 구두쇠 영감 스크루지를 익살맞게 묘사한 단편소설 《크리스마스 캐럴》로 우리에게 잘 알려져 있지만, 그의 대표작으로는 빅토리아 시대의 그늘을 사실적으로 그린 《올리버 트위스트》와 《데이비드 카퍼필드》 같은 소설을 꼽아야 할 것이다.

　소설 속의 주인공 올리버 트위스트는 고아 출신으로 런던의 소매치기 밑에서 온갖 고생을 한다. 또 사실 고아나 마찬가지인 데이비드 카퍼필드는 양아버지에 의해 런던의 구두약 공장으로 보내진다. 소매치기 소년 올리버 트위스트와 공장 소년 데이비드 카퍼필드는 바로 찰스 디킨스의 어린 시절 자화상이기도 하다. 소설 속의 주인공들은 시련 끝에 행복을 찾는 해피 엔딩의 공식으로 이야기를 마감하지만, 그 시련 과정에서 드러나는 19세기 런던 뒷골목에 대한 묘사는 마치 눈앞에 펼쳐지는 것처럼 생생하다.

　디킨스는 마르크스와 동년배다. 정확하게 말하면 디킨스가 마르크스보다 한 살 많다. 그들은 빅토리아 시대라는 같은 시대, 런던 웨스트 엔드라는 같은 공간에서 살았다. 디킨스가 살던 집은 대영 박물관을 기점으로 마르크스가 살았던 소호의 집 건너편에 있다. 마르크스와 디킨스는 둘 다 신문 기자 출신이라는 공통점도 있다.

　디킨스는 그가 쓴 소설 속의 주인공들처럼 부와 명예를 함께 거머쥔 행복한 소설가가 되었지만, 젊은 시절에는 《모닝 크로니클》이라는 신문의 기자로 일했다. 그는 '보즈'라는 필명으로 스케치 기사를 주로 썼다. 이 신문사는 1862년에 문을 닫았지만, 영국 언론사상 처음으로 의회에 기자를 보내고, 찰스 디킨스와 영국의 공리주의 철학자 존 스튜어트 밀을 기자로 채용한 것으로도 유명하다. 그러나 아마 이 신문의 명성을 가장 높인 것은 〈런던의 노동자, 런던의 빈자〉라는 일련의 연재 기사일 것이다. 이 연재 기사는 같은 이름을 가진 다섯 권의 책으로 묶여 나왔다. 이 책은 지금도 꾸준히 팔리는 스테디셀러로 알려져 있다. 〈런던의 노동자, 런던의 빈자〉는 기자의 관찰 기록이 아니라, 뿌리 뽑힌 삶을 살아가는 사람들의 생생한 목소리를 그대로 싣고 있다. 당시 런던에 살던 노동자 계급의 평균 수명은 28세였다고 한다.

런던은 그래도 사정이 나은 편이다. 맨체스터에서는 노동자의 평균 수명이 17세, 리버풀에서는 15세였다. 산업혁명 시기에 영국 노동자들이 얼마나 열악한 환경에서 살았는지 짐작이 간다. 기아와 질병, 그리고 종족 갈등으로 말미암아 대량 학살에 시달리고 있는 오늘의 아프리카 분쟁국보다 더 형편없다. 이러한 자료는 마르크스가 쓴 《자본론》에 인용되어 있다. 그는 아마도 이 자료를 대영 도서관에서 얻었을 것이다.

마르크스는 디킨스처럼 언론인으로 사회에 첫발을 내디뎠다. 그는 《라인 신문》의 편집자로 일했다. 그때 《라인 신문》에 모젤 지방 포도 재배 농가의 궁핍한 생활에 대해서 쓴 기사 때문에 프로이센 정부 당국에게 미운털이 박혔다. 신문사에서 쫓겨난 그는 당시 사회주의자들의 집결 장소인 프랑스 파리로 건너갔다. 《독불연보》를 만들기로 했으나, 프랑스 쪽에서 마땅한 파트너를 구하지 못해 그 뜻을 이루지 못했다. 이후 1848년 유럽에서 혁명의 불길이 피어오르자, 마르크스는 《신 라인 신문》을 창간했다. 이 신문은 무장 봉기를 획책한다는 혐의로 여덟 차례 경고를 받았고, 마르크스는 프로이센 당국에 의해 두 차례 제소되었다.

〈런던의 노동자, 런던의 빈자〉에 그려진 삽화.

5 ·····

개인의 역사에서도 그렇지만, 사회 또는 나라의 역사에서도 결정적인 시기가 있다. 그때를 기점으로 그 이전과 이후가 확연하게 달라지는 그 결정적인 시기를 우리는 흔히 분수령이라고 부른다. 유럽 근대사에서 그 분수령을 꼽으라고 한다면, 나는 서슴지 않고 1848년을 첫손에 꼽는다.

1848년은 유럽 혁명의 해다. 유럽의 남동부 시칠리아에서 북서부 파리에 이르기까지 유럽 전체에 혁명의 광풍이 일었다. 유럽 전 지역을 통틀어 그 광풍에서 벗어난 곳은 단 세 곳이었다. 영국과 러시아, 그리고 당시 오스만 터키 제국으로 불린 터키뿐이었다. 그러면 1848년 혁명은 어떤 성격의 혁명인가? 그 혁명의 주체는 누구이며, 그 혁명은 무엇을 주장했는가? 이 당연한 물음 앞에 역사가들은 쉽게 그 답을 내놓지 못한다. 그래서 그 엄청난 반향에도 불구하고 세계사 책에서는 적당히 얼버무리고 넘어가는 경향이 있다.

그러나 거의 모든 역사가들이 지적하듯이 1848년의 혁명 이후 유럽은 전혀 다른 세계로 변했다. 1848년을 기점으로 유럽에서는 봉건제도가 사라졌다. 봉건제도가 마지막까지 남아 있던 러시아에서조차 1848년 혁명의 여파로 1861년에 농노제가 폐기되었다. 이때를 기점으로 귀족 계급은 사실상 몰락하고, 부르주아지라고 불리는 신흥 자본가 계급이 역사의 새로운 주역으로 등장한 것이다. 한편 여러 나라로 쪼개져 있던 독일과 이탈리아에서는 민족주의 바람이 불면서 통일 국가가 나타났다. 독일 통일의 주역인 프로이센 군국주의에 실망한 자유주의자들이 그들의 재산과 지적 자본을 아메리카 신대륙으로 옮긴 것

마르크스는 1848년 '공산당 선언'을 통해, "하나의 유령이 유럽을 떠돌고 있다"고 선언했다. 그림은 1848년 혁명.

도 이때를 전후해서의 일이다. 한마디로 유럽은 1848년을 기점으로 근대가 완성되었다고 보아야 한다. 근대의 장밋빛 기획이 마침내 현실에서 그 모습을 드러냈다고 말할 수도 있다. 아울러 인류의 행복과 역사의 발전을 약속한 근대기획에 절망의 그림자가 깔리기 시작한 시기라고도 할 수 있다.

옛 질서와 새로운 질서가 힘을 겨루고, 희망과 절망이 교차하고, 다종다양한 욕구가 한꺼번에 분출된 것이 바로 1848년 유럽 혁명이었다. 그래서 1848년 혁명은 봉건제도의 끈을 놓치지 않으려고 발버둥치는 귀족들에게 마지막 타격을 입힌 부르주아지들의 혁명인 동시에 프롤레타리아 세력이 드디어 역사 무대에 처음 등장한 혁명이기도 하다. 또 한편으로는 민족주의 색채가 강하게 드러난 운동이면서, 동시에 무정부주의자들의 연대가 강화된 운동이기도 하다. 1848년 혁명의 색깔은 이렇게 하나의 성격으로 규정할 수 없는 잡탕이었다.

1848년 혁명에 열성으로 뛰어든 역사적 인물을 살펴보면 이 혁명의 다중적인 성격이 보다 잘 드러난다. 프롤레타리아의 단결을 호소한 마르크스, 독일 정신을 예찬한 작곡가 바그너, 부르주아지 사회의 위선을 조소한 프랑스의 시인 보들레르 등이 그들이다. 마르크스는 '공산당 선언' 첫 구절에서 "하나의 유령이 유럽을 떠돌고 있다"고 했다. 유럽의 하늘을 떠도는 유령의 정체는 마르크스와 엥겔스에게는 공산주의로 규정되었지만, 바그너에게는 게르만 민족 정신으로, 보들레르에게는 음울한 세기말 정신으로 다가왔다.

단순화의 위험을 무릅쓰고 말하자면, 마르크스와 바그너, 그리고 보들레르는 부르주아지가 주체가 된 장밋빛 근대 프로젝트를 믿지 않았다. 그들은 칸트처럼 경건한 목소리로 계몽을 노래하지 않았다. 바그너는 귀족이 아닌 민중이 중심인 음악극을 지향했지만, 칸트처럼 세계 시민으로서의 반짝이는 도덕률을 제고하는 것이 아니라 게르만 민족의 영혼을 불러일으키고자 했다. 바그너에게 근대 프로젝트는 곧 게르만 프로젝트를 의미했다. 보들레르는 부르주아지 사회에 절망했다. 그는 경건하고 고귀하다고 여겨지는 금기를 스스로 무너뜨리고, 또 그러한 시를 썼다. 보들레르에게 근대 프로젝트는 곧 절망 프로젝트였다.

마르크스는 부르주아지의 가치를 인정했다. 그는 '공산당 선언'에서 "부르주아지는 인간이 무슨 일을 할 수 있는지를 최초로 본격적으로 보여 주었다"면서, "불과 100년밖에 안 되는 짧은 기간 동안에 그 이전의 모든 시대를 합한 것보다 더 큰 생산력을 이루어 냈다"고 높이 평가했다. 이 점에서 마르크스는 공동체 생활에 필요한 모든 것을 스스로 마련한다는 소박한 사회주의자들을 '공상적 사회주의자'라고 비웃었다. 마르크스가 말하는 사회주의는 자본주의를 무시하거나 건너뛰고 소박한 공동체 생활로 돌아가는 유토피아를 말하는 것이 아니다. 자본주의 단계를 거쳐서 이르는 사회를 말한다.

마르크스는 보들레르처럼 부르주아지의 위선적인 가치에 절망하지 않았고, 바그너같이 민족주의 성서에 호소하지도 않았다. 그 대신 그는 18세기에 정점에 이른 계몽의 기획을 새롭게 손질했다. 그는 과학적 사고를 중시했으며, 역사의 진보를 굳게 믿었다. 그런 점에서 마르크스는 의심할 여지없이 계몽주의의 전통 위에 서 있다. 그는 서양 철학사에서 거대한 이론을 체계적으로 구축한 마지막 계몽주의자라고 불러도 좋을 것이다.

6 ·····

철학의 눈으로 보면 마르크스는 헤겔 학도다. 그리고 경제학의 눈으로 보면 노동가치설을 신봉하는 애덤 스미스와 데이비드 리카도의 고전주의의 맥을 잇고 있다. 그것을 매개하는 것이 노동의 소외 개념이다.

헤겔은 세계를 정신의 자기 실현으로 본 철학자다. 세계는 정신이 스스로를 밖으로 내놓은 것이라고 파악했다. 헤겔은 그것을 '외화外化'라고 불렀다. 예를 들어 보자. 나는 의자가 하나 필요하다. 공부할 때 쓸 딱딱한 나무 의자를 나는 머릿속에서 구상한다. 그리고 그 의자를 직접 만든다. 나무 의자가 드디어 완성되었다. 저 의자는 나의 노동을 통해서 외화된 것이라고 할 수 있다. 의자에 앉아 본다. 앗, 따가워! 못이 삐져 나온 것을 미처 알지 못했다. 저 의자는 내가 만든 것이지만, 아직은 내게 낯설다. 나에게서 비롯되었지만 나와 맞서고 있다. 헤겔은 그것을 '소외疎外'라고 불렀다. 헤겔은 외화와 소외의 개념을 구분해서 사용했지만, 철학 전공자가 아니라면 비슷한 뜻으로 혼용해서 써도 큰 상관은 없다고 생각한다.

중요한 것은 여기서부터다. 저 밖에 있는 의자는 나의 정신에서 외화된 것이기는 하지만, 헤겔에 따르면 아직 '현실적'이지 않다. 왜? 아직 주체로서의 나에게 충분히 파악되지 않았기 때문이다. 그래서 경우에 따라서는 내 엉덩이를 못으로 찌르기도 하고, 가시가 박히게 할 수도 있다. 저 의자는 나의 정신으로 들어와 잡혀야 한다. 그래야 못이 튀어나온 부분은 뽑아내고, 가시가 있는 부분은 대패로 밀어낼 수 있다. 그때 비로소 의자는 낯선 상태를 벗어나게 된다.

이렇게 외부 세계가 정신에 의해 충분히 파악될 때, 헤겔의 말을 빌리면 '매개'될 때, 비로소 세계는 현실적인 것이 된다.

헤겔이 말하는 소외의 개념에서 마르크스가 말하는 소외의 개념으로 건너가는 단계에 꼭 짚고 넘어가야 할 철학자가 있다. 헤겔 좌파 철학자의 만형에 해당하는 포이에르바흐다. 포이에르바흐는 세계와 역사를 절대정신의 전개 과정으로 본 헤겔 철학을 유물론으로 물구나무서기시킨 사람이다. 포이에르바흐는 신이라는 관념을 인간의 본성이 외화된 것으로 해석했다. 쉽게 이야기하면, 신이 인간을 만든 것이 아니라 인간이 신을 만들었다고 본 것이다. 이때 인간이 만든 신이라는 관념은 바로 인간의 본성, 또는 인간이라는 존재의 속성이 외화된 것이다. 포이에르바흐의 표현을 사용하면, 신이라는 관념은 인간이라는 '유적 존재類的 存在'가 외화한 것이다.

독일어에서 말하는 'Gattungswesen'이란 하나의 종이 가지고 있는 본질이라는 뜻이다. 영어로는 흔히 'species-being' 또는 'species-essence'라는 말로 번역한다. 우리말로는 '유적 존재'라는 말로 많이 번역해서 쓰고 있다. 이야기가 잠시 딴 길로 새지만, 나는 이렇게 딱딱하고 어색한 철학 번역어에 불만이 많다. 말을 엄밀하고 정확하게 사용하는 것과 말을 어색하게 만드는 것은 전혀 다르다. 말을 어색하게 만들면 그 뜻이 명확해지기는커녕 오히려 오리무중에 빠지는 경우도 많다. 포이에르바흐가 주장하는 핵심은 분명하다. 인간이 사용하는 신이라는 관념은 인간이라는 종이 가지고 있는 속성이 '외화'된 것이며, 그렇게 외화된 인간의 속성으로서의 신이라는 관념이 거꾸로 인간을 '소외'시킨다는 것이다.

마르크스는 포이에르바흐가 신에 적용한 외화와 소외의 개념을 자본주의 사회에 적용했다. 우리가 만든 상품은 인간의 노동이 외화된 것이다. 인간의 노동은 원래 자기를 실현하기 위한 것이었다. 그러나 자본주의 사회에서 노동은 그런 성격을 잃었다. 인간은 자기에게서 비롯된 것에서 소외되었다. 이른바 마르크스 철학의 핵심 개념 가운데 하나인 노동의 소외다. 인간은 자신의 노동으로부터 소외되고, 자신이 만든 상품으로부터 소외되고, 더 나아가 자본주의 체제로부터 소외되었다.

프롤레타리아라고 불리는 노동자 계급만 소외된 것이 아니다. 부르주아지라고 불리는 자본가 계급도 마찬가지다. 자본주의 체제가 유지되는 한 이러한 소외 현상은 피할 수 없다고 마르크스는 생각했다. 그러나 생산 수단을 가지고 있는 부르주아지는 이에 만족한다. 아니, 부르주아지는 자신들이 가지고 있는 힘을 느끼고, 그것을 유지하려고 한다.

노동은 그 성격이 사회적이다. 그러나 사유재산제도가 있는 한, 노동의 소외는 피할 수 없다. 마르크스 철학에서 인간이 소외를 벗어나는 것은 인간이 자기를 실현하는 것과 동의어다. 인간이 스스로 해방되는 순간이기도 하다. 그것은 헤겔 철학에서 말하는 절대정신이 모든 것을 드러낸 역사의 마지막 단계에 해당한다. 공산주의 혁명의 관점에서 말하면, 그것은 사적 소유를 근간으로 하는 자본주의가 무너지고 능력에 따라 일하고 필요에 따라 쓸 수 있는 공산주의 유토피아가 된다.

마르크스는 경제학자로서 노동가치설을 완성한 인물이다. 이 점에서 마르크스는 애덤 스미스와 데이비드 리카도의 고전주의 경제학의 계보를 잇는다고 이야기할 수도 있다. 자본주의 경제학이 애덤 스미스에서 시작하고, 사회주의 경제학이 칼 마르크스에 시작한다고 도식적으로 분류하는 이에게는 낯설게 들

영국 방적공장의 어린이 노동자. 실을 잇고 끊는 데는 몸집이 작은 어린이가 어른보다 더 쓸모가 있었다.

릴지 모르겠지만, 스미스와 마르크스의 경제학 이론은 큰 틀에서 보면 차이점보다는 공통점이 더 많다.

마르크스는 스미스와 같이 경제학의 기본 원리를 '가치' 개념에서 구했다. 그는 스미스처럼 하나의 상품이 가지고 있는 가치가 노동에서 전이된 것이라고 바라보았다. 고전 경제학에서 주장하는 이른바 '노동가치설'을 마르크스는 그대로 수용했다. 마르크스의 경제학이 스미스의 경제학과 갈라지는 것은 이 노동가치설을 '잉여 가치'에 대한 이론으로 확장하면서부터다. 마르크스에 따르면, 하나의 상품이 가진 가치는 그 상품을 만드는 데 사회적으로 필요한 노동 시간의 크기로 환산될 수 있으며, 이때 자본가는 그 상품에 투입된 가치보다 적은 임금을 노동자에게 지급한다. 간단히 말하면, 자본가가 노동자를 착취한 것이다. 그것은 생산 수단을 소유한 자본가가 노동자의 생산력을 헐값에 살 수 있기 때문이다. 노동자는 자신의 노동을 판 것이 아니라, 자신의 노동력 전체를 판 것이라고 마르크스는 보았다.

오늘날 주류 경제학이라고 불리는 신고전주의 경제학에서 핵심 개념은 가치가 아니라 '가격'이다. 우리가 잘 알고 있듯이, 가격은 흔히 수요와 공급 곡선이 만나는 곳에서 결정된다. 이른바 경제학 교과서 첫 대목에 등장하는 공급과 수요 곡선에 따른 '가격결정이론'이다. 이 이론은 애덤 스미스에서 비롯된 것이 아니라, 영국 케임브리지의 경제학자 알프레드 마셜에 의해 체계화되었다.

경제학에 문외한인 필자는 상품의 생산 측면에서 세운 노동가치론, 상품의 소비 측면에서 연구한 이른바 '한계효용'에 관한 이론, 그리고 상품의 공급과 수요 측면을 가격이라는 매개 변수로 체계화한 가격이론 등 얽히고설킨 경제학사를 이야기할 위치에 있지 못하다. 그러나 다른 학문이 그렇듯이 경제학에서도 다양한 관점에서 제기된 이론을 오늘의 관점에서 새롭게 재해석하는 것은 항상 필요한 일이라고 믿는다.

21세기는 더 이상 자본주의와 공산주의가 체제 경쟁을 하는 냉전의 시대가 아니다. 더는 19세기 마르크스 철학을, 그리고 마르크스 경제학을 무비판적으로 받아들이거나 또는 그것을 통째로 거부할 필요도 없다. 마르크스를 구세주처럼 숭배할 이유도, 그를 적으로 돌려 외면할 까닭도 없다. 마르크스 철학에 낀 냉전 시대의 거품을 제거하면, 그의 철학은 오늘의 눈으로 재해석되어야 하는 지적 유산이라고 할 수 있다.

스 위 스 Suisse

바젤

베른

취리히

생 모리츠

10 근대가 꿈꾼 인간은 허구다 :: 바젤

니체는 유럽이 병들었다고 진단했다. 그 질병을 니체는 '니힐리즘'이라고 불렀다.
정의하기가 힘든 니힐리즘을 굳이 풀어서 말한다면, 이 세계에 변하지 않고 존재하는 일체의
사물이나 현상은 없다는 주장이다. 지난 20세기 철학자들은 니체의 니힐리즘 철학을 탈근대의
선구로 새롭게 해석했다. "신은 죽었다"는 니체의 경구를 "근대는 죽었다"는 말로 해독했다.
그것은 르네상스 시기에 싹터서 계몽의 시기에 정점에 이른 근대의 기획이 애당초
존재하지 않는 하나의 허구였다는 선언이다.

1 ·····

프리드리히 니체는 24세에 스위스 바젤대학의 문헌학과 교수가 되었다. 전례를 찾기 힘든 파격 인사였다. 바젤대학은 스위스에서 가장 오랜 역사를 자랑하는 유럽의 명문이다. 니체의 은사인 리츨 교수조차 깜짝 놀랐다. 당시 니체는 유럽의 대학교수 임용에 필요한 교수 자격 논문은커녕, 박사 학위 논문도 쓰지 않은 라이프치히대학의 평범한 문헌학과 학생이었다. 리츨은 바젤대학 문헌학과 교수직이 공석이 되자 헛일 삼아 니체를 추천했던 것이다. 리츨이 니체의 재능을 얼마나 높이 평가했는지 알 수 있다. 리츨은 추천사에서 이렇게 썼다.

"대학에 몸을 두고 있던 39년간 저는 뛰어난 재능을 가진 젊은이들을 많이 접했습니다만, 이 젊은이만한 사람을 아직 보지 못했습니다. 만일 신이 이 젊은이에게 충분한 수명을 준다면, 그는 언젠가 문헌학계의 첫자리를 차지할 것이라고 저는 감히 예언합니다. 그는 이제 스물네 살이지만, 도덕적으로나 신체적으로나 건강하고 열정적이며 용기 있는 인물입니다."

문헌학계의 젊은 학자 니체는 라이프치히를 떠나 바젤에 도착해서 슈팔렌문 근처에 짐을 풀었다. 니체 연보는 그가 바젤에 모습을 나타낸 날을 1869년 4월 19일로 기록하고 있다.

바젤의 슈팔렌 문은 프랑스 알사스 지방과 바젤을 잇는 관문이다.
니체는 이 슈팔렌 문 밖에서 살았다. 그가 몸담았던 바젤대학은 슈팔렌 문 안에 있다.

슈팔렌 문은 중세 끝자락에 바젤 서남쪽에 세워진 문이다. 서울로 치면 남대문쯤에 해당할까? 몇 가지 공통점을 찾을 수는 있다. 서울의 남대문처럼 14세기에 세워졌으며, 두 도시의 시민들이 유난히 자랑스럽게 여기는 도시의 랜드마크라는 점이 그렇다. 서울의 남대문을 통해서 삼남 지방의 풍부한 물산이 들어왔듯이, 슈팔렌 문을 통해서 프랑스 알사스 지방의 물산이 들어왔다. 지금도 슈팔렌 문은 바젤 도심으로 드나드는 사람들의 발길로 여전히 분주하다. 슈팔렌 문 안으로 들어서면 바젤대학이 아주 가까운 거리에 있다.

니체는 바젤대학에서 10년간 재직했다. 24세에서 34세까지 대학에 있었으니, 대학 강단에 선 것도 매우 빨랐지만 대학교수직을 접은 것도 이례적으로 빠른 셈이었다. 니체가 대학을 떠난 이유는 건강 때문이었다. 니체의 바젤대학 공식 사임 일자는 1879년 6월 14일. 그러나 그의 마지막 강의는 그 전해인 1878년 가을 학기로 기록되어 있다. 그 당시 니체는 이미 심한 두통에 시달리고 있었다. 마지막 학기에는 침대에 누워서 강의와 세미나를 진행했다고 한다.

결과적으로 볼 때 리츨이 쓴 추천사는 모두 어긋난 셈이다. 니체는 건강하지 못했다. 문헌학계에서 첫째 자리에 앉을 것이라는 스승의 예언도 어긋났다. 니체는 그런 욕심도 없어 보였다. 그 대신 문헌학을 철학으로 가는 징검다리로 삼았을 뿐이다. 니체는 도덕적으로 건강한 사람이었을까? 글쎄, 상식적인 기준으로 보면 아니다. 그는 선과 악이라는 도덕의 잣대를 무시했다. 스승의 희망과는 달리 신은 니체에게 건강과 장수를 주지 않았으며, 스승의 기대와는 달리 니체는 신이 죽은 세상에서 사는 법을 외쳤다. 리츨의 추천사가 맞아떨어진 유일한 대목이 있다면, 니체가 용기 있는 인물이라는 평가가 아니었을까?

2 • • • • •

니체는 바젤대학에서 그리스어와 라틴어, 그리고 그리스 문학을 가르쳤다. 아침 7시에 강의와 세미나를 했으며, 한 주에 20시간 정도를 맡았다. 결코 가볍지 않은 강의 부담이다. 여기에는 '페다고기움' 강의도 포함되어 있다. 페다고기움이란 독일어권 교육에 있는 독특한 제도로, 대학 진학을 원하는 15세에서 18세까지의 김나지움 학생들을 위한 교육 프로그램이다. 그 수준은 우리나라 대학의 교양학부와 엇비슷하다고 보면 크게 틀리지 않는다.

겉으로 보기에 평온했던 바젤 시절은 젊은 문헌학자 니체가 철학의 기틀을 잡아 가는 시기다. 그의 철학적 스승이라고 할 수 있는 쇼펜하우어와 그의 정신적 지주였던 바그너의 영향에서 벗어나는 시기다. 또한 소크라테스 중심의 그리스 철학을 거부하고 소크라테스 이전의 그리스 철학을 재해석하는 시기이기도 하다.

철학자로서의 니체는 바젤을 떠난 이후, 곧 '유랑의 시기'라고 불리는 8년간 그가 신들린 듯이 쓴 글에 초점을 맞추어 평가되는 것이 일반적이다. 니체를 이야기할 때 단골손님처럼 등장하는 "신은 죽었다"는 말이나 '초인' 사상도 이때 등장한다.

그러나 근대 철학의 끝자락에 위치한 이번 여행에서 우리는 니체의 유랑 시기를 좇지 않는다. 드라마틱하지 않아서? 아니다. 그 8년의 시기는 그 어떤 드라마보다 더 드라마틱하다. 니체는 이 기간 동안 알프스 산맥의 실스 마리아에서, 지중해가 보이는 프랑스 남부의 니스에서, 그리고 이탈리아의 토리노 등에서 무엇에 홀린 사람처럼 글을 썼다. 그의 건강이 좋지 않았다는 점을 고려하면 엄청난 다작이다. 그가 유랑의 시기를 마감하는 것도 마치 드라마의 한 장면 같다. 그는 이탈리아 토리노에서 채찍을 맞는 늙은 말을 보호하기 위해 마부를 가로막다 그 자리에서 쓰러졌다. 니체는 그 뒤 10여 년을 식물인간처럼 살다 생을 마감했다.

드라마틱한 니체의 유랑 시대가 아니라 밋밋한 바젤 시대를 여행하는 이유는 니체 철학의 원형질을 차분하게 들여다보고 싶기 때문이다. 가끔 나는 니체 철학을 영화로 비유한다면 19세 미만에게는 관람이 금지된 컬트 영화 같다

니스 근처의 작은 해변 마을 '에즈'. 절벽을 깎아지른 곳에 위치한 이 마을에는
'니체의 손길'이라고 이름 붙인 산책로가 있어 관광객의 눈길을 끈다.

는 생각을 한다. 괴팍하고 과격하다. 광기가 흐르고 부조리하다. 다수는 반사회적이고 위험하다고 생각하지만, 소수는 열광적으로 숭배한다. 이러한 점 때문에 니체 철학은 상품화하기에 딱 좋다. 니체 철학의 전후 맥락을 뚝 자르고 하나의 이미지를 대중의 입맛에 맞게 증폭하기에 좋다. 이미 독일 나치에 의해 악용된 전례도 있다. 니체가 말한 바 있는 '권력의 의지'는 그의 의도와는 상관없이 독일 군국주의에 의해 선전된 불행한 역사를 가지고 있다.

니체 철학이 20세기 전반기에 우경화된 독일 민족주의를 자극했다면, 20세기 후반기에는 포스트모던 계열의 철학에 불을 붙였다. 철학의 눈으로 볼 때, 지난 세기는 니체의 시대다. 그것을 '니체 르네상스'라고 부르는 이도 있다. 나는 유행처럼 가볍게 옷을 갈아입는 니체 철학의 패션화를 경계한다. 그의 이미지가 아니라 그가 전달하는 메시지를 읽어야 한다고 나는 믿는다.

니체는 위험한 철학자인가? 그의 생각을 접근할 수 없는 소통의 사각지대에 놓는 한 그렇다. 모든 철학은 접근이 가능해야 한다. 이해할 수 없는 철학은 더 이상 철학이 아니다. 접근할 수 없는 철학은 우상화되거나 또는 정체 불명의 괴물로 변한다. 원론적으로 본다면 위험한 철학이란 없다. 생각이 위험해지는 것은 비판 없이 그것을 숭배하거나, 아니면 그 반대로 무조건 억누를 때다.

그러면 니체는 비합리적인 철학자인가? 나는 이러한 시각에 찬성하지 않는다. 니체는 스스로를 도덕 개념을 무시하는 반도덕주의자라고 불렀다. 형이상학을 반대하는 반형이상학자라고도 했다. 그는 또한 신의 죽음을 선언한 무신론자다. 그러나 그는 합리주의에 반대하는 비합리주의자라고 스스로를 규정한 적이 한 번도 없다.

니체 철학이 근대 유럽의 합리주의 전통에 반기를 들었다는 점을 부인하는 것이 아니다. 니체 철학이 근대 합리주의 세계관을 허물었다는 점은 분명하다. 그러나 니체의 철학이 비합리주의에 의존한다는 것은 전혀 다른 이야기다. 철학의 건축물은 마구잡이로 휘두르는 비합리적인 주장에 그렇게 쉽게 무너지지 않는다. 니체 철학의 파괴력은 니체 철학의 비합리성에서 오는 것이 아니다. 이치에 맞는 주장을 펼치는 것은 철학의 건축물을 세우는 일에만 필요한 것이 아니라, 철학의 건축물을 부수는 데도 필요하다.

3 ·····

슈팔렌토르베크 2번지. 슈팔렌 문의 길이라는 뜻을 가진 이 거리는 니체가 바젤에 도착해서 짐을 푼 하숙집이다. 지금 이 주소에는 내과 전문의 간판이 걸려 있다. 철학자가 묵었던 공간이 의사가 일하는 공간으로 바뀐 것이다. 초인종을 눌러 본다. 응답이 없다.

이곳에 병원이 들어선 것은 우연일까, 아니면 니체 마케팅을 겨냥한 의도된 계산일까? 여기서 일하는 내과 의사는 니체 철학을 '징후학'으로 해독한 질 들뢰즈를 읽었는지도 모른다. 들뢰즈는 푸코, 데리다와 함께 20세기 말 '니체 르네상스'를 이끌었던 대표적인 프랑스 철학자다. 징후학이란 병의 증상 또는 징후를 통해서 병을 진단하는 의학의 한 분야다.

징후학이라는 낯선 의학 용어가 잘 와 닿지 않으면, 우리나라에서도 꽤 인기를 끌고 있는 할리우드 의학 드라마 〈하우스〉에 나오는 성질 더러운 주인공 의사, 닥터 하우스를 떠올리면 좋다. 그는 마치 수수께끼를 풀어 나가듯이 환자의 병을 진단한다. 고집불통에다 독설을 거리낌 없이 퍼붓는 이 의사는 병을 찾기 위해서라면 비도덕적인 짓도 서슴지 않는다. 탐정 셜록 홈스가 범인이 남긴 단서들을 통해 범죄를 재구성하듯이, 닥터 하우스는 환자의 몸에 나타난 '징후'들을 통해서 병을 추적한다. 이러한 병의 징후들을 연구하는 학문이 징후학이다. 영어로는 '심터몰로지symptomology' 또는 '세미올로지semiology'라고 부른다.

징후학을 뜻하는 세미올로지는 기호학이라는 뜻도 가지고 있다. 기호학은

1 니체가 바젤에 도착해서 첫 짐을 푼 슈팔렌토르베크 2번지. 2 니체가 살았던 하숙집.

언어를 하나의 '기호'로 보고 기호로서의 언어를 연구하는 학문이다. 문화를 기호 체계로 보고 문화 현상을 연구하는 학문을 가리키기도 한다. 이렇게 기호학은 의학에서 언어학, 그리고 문화 연구에 이르기까지 다양한 현상들을 기호 체계로 연구하는 학문이다.

철학자는 의사처럼 병을 진단하는 사람이라고 들뢰즈는 말한다. 아니, 니체가 그렇게 말했다고 들뢰즈는 말한다. 들뢰즈가 보는 철학자 니체는 현상을 하나의 증상 또는 징후로 파악해서 거기에 따른 진단을 내리는 의사다. 그리고 이 '의사−철학자'가 말하는 언어가 잠언이다.

니체가 말하는 의사−철학자는 수술에 크게 의존하는 외과 의사보다는 내과 의사에 더 가까운 편이다. 내과 의사는 환자의 증상을 관찰해서 질병을 진단하고, 주로 약물 치료를 통해 환자를 치료한다. 환부를 수술로 제거하는 외과 치료에 비해 내과 치료가 더 복합적이다. 병의 원인을 찾는 진단이나 병을 고치는 치료도 복선적이다. 내과 의사를 흔히 '의사가 상담하는 의사' 또 '의사 중의 의사'라고 부르는 이유다.

또한 니체가 말하는 의사−철학자의 개념은 서양 의학보다는 한의학에 더 근접해 있기도 하다. 한의학에서는 병의 원인을 몸의 균형이 무너진 데서 찾는다. 사람이 건강하다는 것은 몸의 균형이 제대로 유지되고 있다는 것을 뜻하며, 병에 걸렸다는 것은 그것이 파괴되었다는 뜻이다. 사람의 몸은 병을 일으키는 원인에서 완벽하게 차단된 환경에 놓일 수는 없다. 그래서 한의학에서는 한쪽의 기운이 승하면 그것을 억누르고, 한쪽의 기운이 약하면 그것을 보양한다. 병을 치유한다는 것은 곧 몸의 균형을 되살리는 것으로 보기 때문이다.

의사−철학자로서 니체는 유럽이 병들었다고 진단한다. 그리고 그 질병을

'니힐리즘'이라고 부른다. 우리말로 번역하면 허무주의다. 니힐리즘은 '아무 것도 존재하지 않는다'는 뜻을 가지고 있다. '니힐nihil'이란 라틴어로 '무無'를 가리킨다. 이 세계에 변하지 않고 존재하는 사물이나 현상은 하나도 없다는 주장이다. 철학 용어로 바꾸어서 말하면, 우리가 살고 있는 이 세계에는 실체나 본질 같은 것이 없다는 말이다. 그러한 존재가 없다면, 그것을 알 수도 없을 것이다. 거기에 높은 가치를 부여한다고 하더라도, 그것은 아무 가치가 없는 한낱 눈속임에 지나지 않을 것이다. 그래서 니힐리즘은 사전에서 보통 '일체의 사물이나 현상이 존재하지 않고 인식되지도 않으며, 또한 아무런 가치도 지니지 않는다고 주장하는 사상'이라고 정의된다.

여러분은 이러한 사전적 정의로 니힐리즘을 제대로 이해할 수 있는가? 나는 니힐리즘에 대한 이러한 사전적 정의를 접할 때마다 곤혹스럽다. 니힐리즘에 대한 정의가 잘못 정리되었기 때문이 아니다. 니힐리즘은 기본적으로 정의할 수 없기 때문이다. 이야기가 잠시 옆길로 새고, 논의가 추상적으로 흐르더라도 이 문제는 먼저 분명하게 짚고 넘어가는 편이 좋겠다. 이 문제는 우리가 왜 니체를 읽는가, 그리고 우리가 왜 근대 철학 여행의 끝자락에서 니체 철학을 살피는가 하는 문제와 직접 연결되기 때문이다.

374

4 ·····

니체 철학은 손에 잘 잡히지 않는다. 그의 말이 난해하기 때문이 아니다. 그가 쓰는 언어는 다른 철학자들에 비해 쉬운 편이다. 도발적이지만 흡인력도 있다. 많은 이들이 니체에 탐닉하는 이유다. 그런데 그의 메시지를 전하는 일은 다른 철학자들의 메시지를 전하는 것보다 훨씬 더 까다롭다. 왜 그럴까?

어느 철학이든 항상 출발점이 있다. 그 최초의 출발 지점을 잡는 일이 가장 어렵다. 이상적으로 말하자면, 철학의 출발점은 누구도 의심할 수 없는 대목에서 시작하는 것이 좋다. 우리 모두가 동의할 수 있는 지점에서 시작하는 것이 바람직하다. 그런데 동의를 얻기가 힘들다면? 너와 나의 의견이 서로 충돌한다면? 그런 경우 우리는 무엇을 토대로 어떤 주장이 옳은지를 가릴 것인가? 참과 거짓, 옳고 그름을 어떻게 가려낼 것인가? 인류 역사가 시작된 이후, 많은 이들이 이러한 잣대를 세우기 위해 노력했다. 어떤 점에서 철학의 역사란 보편타당한 잣대를 세우기 위한 역사라고 할 수도 있을 것이다.

그런데 참과 거짓, 옳고 그름을 가리는 보편타당한 잣대가 아예 처음부터 없다면? 모든 지식 체계와 가치 체계는 와르르 무너져 버릴 것이다. 니힐리즘의 주장이 그렇다. 니힐리즘에서는 보편적인 잣대를 인정하지 않는다. 더 정확하게 말하면, 참과 거짓이라는 개념, 옳고 그르다는 개념조차 인정하지 않는다. 당연히 우리가 참이라고 믿는 지식 체계, 우리가 옳다고 믿는 도덕 체계가 니힐리즘에서는 설자리가 없다. 니힐리즘에 뿌리를 박고 있는 니체 철학을 전하기 까다로운 근본 이유다.

잠깐! 그런데 우리가 참과 거짓, 그리고 옳고 그름을 알 수 있는 그 어떤 도구를 가지고 있지 못하다는 주장은 전혀 새로운 것은 아니다. 또 그러한 주장이 니힐리즘의 전유물도 아니다. 그 주장에 맞는 일반 용어를 굳이 붙인다면, 회의주의라고 부르는 편이 더 적합할 것이다. 회의주의는 여러 이유로 우리 인간이 참된 진리를 얻을 수 있다는 점을 의심하는 철학적 입장을 일컫는 일반 용어기 때문이다. 그렇다면 니힐리즘과 회의주의는 결국 같은 주장인가? 만일 니힐리즘을 회의주의와 구분할 수 있다면, 어떤 점이 다른가?

어떤 주장에 대해 이름을 붙일 때는 항상 세심한 주의가 필요하다. 특히 철학적 주장은 더욱 그렇다. 하나의 철학적 주장은 수학의 공리나 논리학 명제와는 달리 그 안에 이미 포괄적인 주장을 담을 수밖에 없기 때문이다. 유사한 것처럼 보이는 철학적 주장도 어떤 특정한 명제에 관해서는 같은 입장을 취하지만, 또 다른 특정 명제에 대해서는 다른 견해를 가지고 있는 경우도 수없이 많다. 그래서 철학을 하는 이들은 자신의 주장을 펼치는 데 있어, 때로는 읽는 이들이 지루해 할 만큼 논지를 되풀이해서 말하는 경우가 많다. 쉬운 말을 사용할 때도, 그 말이 특별한 뜻을 가진 것이라고 판단하면 엄격하게 정의하곤 한다.

그런데 회의주의는 그 입장을 정의하기가 힘들다. 아니, 정의할 수 없다고 말하는 편이 나을지도 모른다. 이러한 철학적 입장은 하나의 사안에 대해 그 주장을 명확하게 드러내는 방식으로 정의되는 것이 아니라, 그러한 주장을 부정하는 방식으로 자신의 견해를 드러내기 때문이다. 따라서 당연하게도 그 주장을 명료하게 정의하는 일이 쉽지 않다.

더욱 난감한 점은 이러한 철학적 주장들은 스스로 주장하는 내용에 의해 스스로 무너지고 만다는 것이다. 예를 들어, 회의주의를 "우리는 보편타당한 진리를 얻을 수 없다"는 주장이라고 정리하자. 그 주장이 맞다면, "우리는 보편타당한 진리를 얻을 수 없다"는 바로 그 주장도 더 이상 진리가 아니다. 바로 그 주장에 의해서 자신이 허물어지기 때문이다. 이것을 논리학에서는 '자가당착'이라고 부른다. 자기의 주장이 자기의 주장을 스스로 파괴한다는 뜻이다. 회의주의는 이렇게 항상 자가당착에 빠지고 만다.

회의주의는 논리적으로 자가당착의 길로 빠지기 때문에 철학자들은 회의주의를 철학을 하는 데 있어 반드시 피해야 할 위험한 함정으로 여겨 왔다. 더 이상 나아갈 수 없는 벽이기 때문이다. 그러나 회의주의와는 별도로 회의는 철학을 하는 방법으로 소중하게 여겨져 왔다는 사실도 부인할 수 없다. 철학은 모든 이들이 당연하다고 믿는 것을 의심하는 데서 출발하기 때문이다. 우리가 이미 살펴보았듯이 데카르트는 모든 것을 의심하는 이른바 방법론적 회의를 철학의 출발점으로 삼았고, 흄은 태양이 내일도 동쪽에서 떠오른다는 점마저 철저하게 회의했다. 칸트 역시 그의 비판 철학의 출발을 독단적인 사고에서 벗어나는 철학적 회의로부터 시작했다.

그러나 그들에게 회의는 철학의 종착점이 아니었다. 그들은 철저하게 의심하고 회의하면서도 다른 한편으로 회의주의에서 빠져나가는 길을 모색했다. 데카르트에게 회의주의의 덫을 빠져나가는 구원의 줄은 모든 것을 끊임없이 의심하고 회의하는 '생각하는 나'였으며, 흄에게서는 '경험'이었고, 칸트에게서는 '하늘에서 반짝이는 별과 내 가슴에서 빛나는 도덕률'이었다. 말하자면 회의적인 사고는 어디까지나 하나의 철학적 방법에 지나지 않았다.

니체는? 그는 되돌아오지 않았다. 의심의 끝자락에는 더 이상 논리가 뚫고

프란시스코 고야가 그린 〈이성이 잠들 때 괴물들이 춤춘다〉. 1799년 작.

갈 수 없는 벽이 놓여 있었다. 니체는 그 벽을 계속 응시했다. 그 벽이 바로 니힐리즘이다. 니힐리즘으로 들어가면 논리는 힘을 상실한다. 이성의 빛은 그곳에서 세상을 비추지 못한다. 니힐리즘의 심연에서는 논리와 이성, 심지어 회의마저 멈추어 선다. 마치 모든 것을 집어삼키는 블랙홀 같은 곳이다. 니힐리즘은 지금까지 등장한 그 어떤 회의주의보다 더 독한 회의주의다.

니체 철학이 논리적 사고를 중시하는 철학 동네보다 직관적 통찰력을 중시하는 예술 동네에서 더 환영을 받은 것은 어쩌면 당연한 일이었다. 그래서 니체는 오랫동안 논리와 이성을 중시하는 철학보다는 직관과 감성을 자극하는 예술을 더 자극했다. 때로는 시 같기도 하고, 때로는 잠언 같기도 한 니체의 독특한 글쓰기가 여기에 한몫을 더했다.

니체 철학을 추상화된 인간의 본질이 아니라 인간의 구체적인 삶에 관심을 기울인 생의 철학으로 독해하는 흐름이 있다. 이 잣대를 들이대면 니체는 생의 철학자가 된다. 또 그의 철학을 인간이 살아가는 구체적인 모습으로서의 존재에 관심을 기울인 실존 철학으로 분류하기도 한다. 양차 세계대전이 끝난 직후에 나타난 니체 철학의 독해법이었다.

나는 니체를 생의 철학자라고 분류하는 데 반대하고 싶지 않다. 그가 실존 철학의 선구라는 점에 대해서도 이의를 달지 않는다. 니체 철학에는 그런 측면이 분명히 있다. 니체가 말하는 니힐리즘은 그런 해석을 충분히 할 수 있다. 니힐리즘이라고 불리는 벽에서는 추상화된 인간이 깨져 버린다. 그 벽에 부딪치면 본질이라고 불리는 알맹이는 튕겨 나간다. 남는 것은 인간의 구체적인 삶이었다. 그저 있는 그대로의 삶이 그냥 있을 뿐이다. 그것을 어려운 철학 용어로 표현하면, '실존'이다.

그러나 이번 여행에서 우리는 니체 철학의 니힐리즘을 다른 각도에서 바라본다. 니체가 형상화한 니힐리즘의 벽에 '본질'이라는 공을 던지지 않는다. '실존'이라는 공을 받기 위해 그 벽을 이용하고 싶지 않다. 또 그 벽에 기독교를 던지고 싶지도 않다. 그래서 '신은 죽었다'는 공을 받기를 원하지 않는다.

대신 그 벽에 철학, 더 정확하게는 서양 근대 철학이라는 공을 던지기를 원한다. 그 벽에 근대 철학 또는 근대 사상, 간단하게 줄여서 근대라는 공을 처음던진 사람은 필자가 아니다. 포스트모던 계열의 철학자들이 수없이 공을 던졌다. 그들은 "신은 죽었다"는 니체의 경구를 '근대는 죽었다'는 말로 해독했다. '보편적 인간은 죽었다'는 말로 해석했다. 그것은 르네상스 시기에 싹이 터서계몽의 시기에 정점에 이른 근대 기획이 허구라는 선언이다.

5 ·····

아마 눈 밝은 독자들은 니힐리즘이라는 용어를 필자가 이중적 의미로 쓰고 있다는 사실을 눈치챘을지도 모르겠다. 맞다. 한편으로는 니체가 진단한 유럽의 질병을 니힐리즘이라고 했고, 다른 한편으로는 니체 철학을 니힐리즘이라는 이름으로 불렀다. 그러나 이것은 필자의 잘못이 아니다. 니체 스스로가 니힐리즘을 그렇게 이중 용법으로 사용했다. 그는 유럽이 극복해야 할 병을 니힐리즘이라는 이름으로 불렀고, 또 그 병을 치유하기 위한 자신의 철학을 니힐리즘이라고 했다. 말하자면 그는 니힐리즘이라는 같은 용어를 부정적 의미와 긍정적 의미로 뒤섞어 사용한 것이다.

니체는 이 점을 착각했을까? 아니면 니체 철학의 논리적 일관성이 떨어지기 때문일까? 이처럼 엉킨 말을 해독하기 위해 우리는 20세기 독일의 철학자 마르틴 하이데거를 소환한다. 그는 지난 20세기에 문학과 예술에서 주로 논의되던 니체를 철학의 장으로 이동시킨 철학자다.

한 가지 명심해야 할 점이 있다. 하이데거가 읽는 니체는 한편으로는 니체 철학의 주석이면서, 다른 한편으로는 하이데거의 철학이다. 하이데거의 니체 읽기는 단순히 니체 철학에 주석서를 달기 위한 것은 아니다. 자신의 철학을 주장하기 위해 니체를 끌어들였다고 보는 편이 더 적확하다. 그래서 하이데거가 말하는 니체 철학은 어디부터 어디까지가 니체 철학이고, 어디부터 어디까지가 하이데거 철학인지 구분이 잘 안 된다.

하이데거는 니체가 말하는 '유럽의 니힐리즘'이라는 병이 19세기 유럽이라는 특정 공간에서 발생한 것이 아니라고 본다. 니체-하이데거는 그 병을 지금까지 유럽 역사 전체를 통해 형성된 존재를 초월적으로 해석한 형이상학에서 찾는다. 니체-하이데거가 본 세계는 불완전한 세계다. 우리가 살고 있는 세계는 끊임없이 변화하고 생성하는 불확실한 세계다. 그것을 실존주의 용어로 다시 해석하면, 합리적인 이성으로는 파악되지 않는 부조리한 세계라고 말해도 좋을 것이다.

왜 사람들은 불완전한 세계에 살면서 영원하고 변하지 않는 세계를 꿈꾸는가? 여러 조건 속에서 제약되어 있고 모순으로 가득 차 있으면서, 끊임없이 변화하고 생성하는 세계 속에 왜 제약되지 않고 변하지도 않으며 모순이 없는 진리의 세계가 있다고 믿는가? 그것은 사람들이 불완전하고 모순으로 가득한 세계에 놓여 있다는 것을 참지 못하기 때문이다. 그래서 형이상학적 허구의 세계를 생각해 낸다.

니힐리즘은 형이상학의 고귀한 가치들을 '집어던진다'. 현학적인 말로 표현하면 '가치의 탈가치화'다. 우리의 감각을 초월해서 있다고 상정되는 초월적인 세계, 모순에서 자유로운 세계, 이상적인 규범과 원리들을 모두 다 집어던진다. 이러한 가치들은 이 세계에 살고 있는 모든 존재, 또는 하이데거식으로 표현하면 모든 존재자들에게 하나의 목적과 질서를 주는 고귀한 것들이었다. 그러나 니힐리즘에서는 최고의 가치들이 무효가 된다. "신은 죽었다"는 명제는 바로 가치의 탈가치화를 지시하는 단적인 표현이다.

니힐리즘은 여기서 한 걸음 더 나아가 가치들을 '뒤집는다'. 이른바 '가치의 전도'다. 니체-하이데거에 따르면 진정한 니힐리즘은 가치를 포기하는 가치의 탈가치화에 머물지 않고, 새로운 가치를 정립해 나가야 한다. 니체-하이데거는 이것을 '고전적 니힐리즘'이라고 이름 붙이고, 모든 가치를 탈가치화한 '전통적 니힐리즘'과 차별화한다.

그러면 도대체 무엇이 전통적 니힐리즘과 고전적 니힐리즘을 구분하는가? 어떻게 모든 것이 무너진 가치 위에서 새롭게 가치를 정립할 수 있는가? 니체-하이데거는 그것을 '힘을 향한 의지'로 읽는다. 우리말로는 '권력에의 의지'로 번역하는 경우도 많다. 모든 가치는 죽었다. 지순지고의 가치였던 신도 죽었다. 니체의 표현으로 말하면 "우리가 신을 살해했다." 자, 그러면 우리는 신이 죽은 세상에서 어떻게 살아야 하는가? 모든 가치가 무너진 이 세상에서 우리는 모든 가치의 중심을 신에게 두었던 인간에게 의존할 수는 없다. 이제 모든 가치의 중심을 자신에게 두는 인간을 넘어선 인간, 곧 '초인'을 기다려야 한다.

니체-하이데거에 따르면, 니힐리즘은 그 전 단계가 있다고 말한다. 그것이 염세주의다. 가치가 탈가치화되면서 이 세계는 허무한 것이 되었다. 이 세계는 긍정할 만한 것이 없는 형편없는 세계이며, 우리의 삶은 살 만한 가치가 전혀 없어 보잘것이 없다고 보는 것이 염세주의다. 쇼펜하우어의 철학이 대표적이다. 염세주의는 가치의 탈가치화에 머무는 단계라고 니체-하이데거는 말한다. 고전적 니힐리즘 또는 완전한 니힐리즘은 모든 가치의 척도가 힘을 향한 의지에서 비롯된다는 점을 파악하는 가치의 전도가 일어날 때 완성된다. 이것이 바로 니체가 말하는 힘을 향한 의지이며, 이 힘을 향한 의지는 끝없이 힘을 향해 움직일 때 본질적인 힘을 갖는다. 힘이 멈춰 설 때, 그 힘은 더 이상 힘이 아니며 염세주의의 제물로 전락하고 만다.

힘의 본질은 영원히 힘을 얻기 위해 나르는 것이며, 그것이 바로 생성이다.

영원히 반복되는 힘을 향한 의지, 그것을 니체 용어로 표현하면 '영원 회귀'이며, 하이데거 용어로 표현하면 힘을 향한 의지를 가진 존재자가 어떻게 존재하는가를 드러냄으로써 존재 방식을 보여 주는 새로운 형이상학이다.

6 ·····

바젤 시대에 니체는 유럽의 주류 문화에 반기를 든 세 명의 반골_{反骨}과 조우한다. 쇼펜하우어와 바그너, 그리고 바젤대학 역사학과 교수 부르크하르트다.

쇼펜하우어는 헤겔과 동시대를 살았던 19세기 철학자다. 헤겔에 대한 쇼펜하우어의 대결 의식은 유명하다. 쇼펜하우어는 베를린대학 강사 시절, 그의 강의를 일부러 헤겔과 같은 시간대로 짰다고 전해진다. 그 결과는 쉽게 짐작할 수 있듯이, 쇼펜하우어의 처참한 패배였다. 쇼펜하우어는 강사 생활을 1년 만에 접고 재야 철학자가 되었다. 베를린대학을 나와서도 그는 헤겔 철학을 강도 높게 비판했다. 아니, 사기라고 규정했다. 헤겔과 쇼펜하우어의 대결은 지금도 계속되는 현재 진행형이다. 헤겔이 절대 이성의 복음을 전도한 이반젤리스트라고 한다면, 쇼펜하우어는 그 복음의 가면을 벗기는 데 모든 것을 걸었던 철학자라고 할 수 있다.

헤겔 철학에서 주인공은 단연 이성이다. 이성은 혼자서 북치고 장구치면서 세계를 움직인다. 그리고 역사를 만든다. 세계를 역사의 끝자락에 이르게 하는 추동력이 이성이며, 또 그 역사의 종착역을 가리키는 이름이 바로 절대화된 이성이기도 하다.

반면에 쇼펜하우어 철학에서 주인공은 이성이 아니라 의지다. 세계는 헤겔 철학에서 말하는 바와 같이 이성이 자신을 실현하는 장이 아니다. 세계는 시간과 공간, 그리고 카테고리 등 인간의 주관 형식에서 비롯된 표상일 따름이다. 어디에선가 들은 말 같지 않은가? 그렇다. 칸트가 한 말이다. 칸트가 '코페르니쿠스적 전회'라고 부른 선험적 관념론이다. 쇼펜하우어는 시간과 공간의 개념, 그리고 인과율 같은 카테고리는 외부 세계에서 온 것이 아니라 인간의 인식에서 온 것이라는 칸트 철학을 수용했다. 좀 딱딱한 용어로 표현한다면, 쇼펜하우어는 칸트가 구분한 '페노메나(현상의 세계)'와 '누메나(물 자체의 세계)'의 이분법을 그대로 받아들였다.

칸트는 인간은 누메나의 세계를 알 수 없다고 했다. 누메나의 세계는 경험의 세계가 아니기 때문이다. 그곳에서는 이성의 능력도 미치지 않는다. 이 점을 무시하고 인간 이성으로 이를 파악하려고 할 때 이율배반, 곧 하나의 명제가 동시에 참도 되고 거짓도 되는 모순이 발생한다. 이 모순을 칸트는 실천 이성을 통해서 해결했다. 그것은 인식의 세계가 아닌 당위의 세계다. 그것은 증명을 통해서 얻어지는 것이 아니라, 준칙을 통해서 요청되는 것이다. 헤겔은 칸트가 상정한 이러한 불가지不可知의 세계에 반대했다. 헤겔은 이성이 모든 것을 알 수 있는 절대지絕對知에 이를 수 있다고 힘주어 말했다. 절대지에 도달할 수 있는 힘은 이성 스스로에게서 온다. 단 그 이성이 고립되어서는 안 된다. 이성이 외화된 세계와 매개될 때 비로소 그런 단계에 이른다고 헤겔은 역설했다.

쇼펜하우어는 현상 세계와 물 자체의 세계를 엄격하게 구분하는 칸트 철학으로 되돌아갔다. 쇼펜하우어는 다음과 같이 생각했다. 현상 세계가 인간에 의해 구성된 것이라는 칸트의 지적은 옳다. 그러나 물 자체의 세계를 우리가 알 수 없다는 지적은 틀렸다. 현상 세계의 배후에서, 그 현상 세계를 가능하게 하는 원인인 물 자체에 접근할 수 있는 통로가 있기 때문이다. 그것이 어떻게 가능한가?

쇼펜하우어는 그것을 '의지'라고 보았다. 세계는 그 내적 본질에서 의지다.

386

여기서 쇼펜하우어가 말하는 의지는 칸트가 말하는 물 자체와 동의어다. 쇼펜하우어에 따르면, 현상 세계는 의지가 시간과 공간 등에 한정되어 나타난 것이다. 따라서 우리가 살고 있는 세계는 두 국면으로 나누어진다. 하나는 표상으로서의 세계, 이것은 칸트 철학에서 말하는 페노메나, 곧 현상의 세계와 그대로 일치한다. 그리고 다른 하나는 의지로서의 세계, 이것은 칸트 철학에서 말하는 누메나, 곧 물 자체의 세계에 해당한다. 쇼펜하우어는 이것을 '의지와 표상으로서의 세계'라고 불렀다. 이 핵심 개념은 쇼펜하우어가 쓴 책의 제목이기도 하다.

니체는 라이프치히대학 학생 시절에 우연히 고서점에서 쇼펜하우어가 쓴 《의지와 표상으로서의 세계》를 읽었다. 그리고 쇼펜하우어 철학에 흠뻑 빠져들었다. 니체가 작곡가 바그너를 만났을 때, 그는 바그너를 "쇼펜하우어 다음으로 내 삶을 결정한 인물"이라고 기록했다. 젊은 시절의 니체에게 쇼펜하우어가 얼마나 큰 자리를 차지하고 있었는지 짐작이 간다.

니체 철학은 쇼펜하우어 철학의 연장인가? 그런 측면이 분명히 있다. 니체 스스로 자신을 쇼펜하우어의 제자라고 부른 적도 있다. 쇼펜하우어와 니체는 거칠게 분류한다면, 서양 철학의 전통에서 벗어난 비주류 철학자들이다. 니체는 쇼펜하우어에게서 철학의 중심 과제가 이성이 아니라 의지라는 점을 배웠다. 철학의 임무를 논리의 명석성에서 찾지 않고, 직관적 통찰력에서 찾은 점도 비슷하다. 두 사람은 아마추어 이상의 뛰어난 음악적 재능을 가지고 있었으며, 심지어 여성에 대해 좋지 않은 감정을 가지고 있다는 점도 공통적이다. 그래서 철학사가들은 보통 쇼펜하우어와 니체를 같은 부류의 철학자로 묶는다.

쇼펜하우어는 이성의 형이상학에 반기를 든 철학자다. 그는 이성의 형이상학을 무너뜨린 곳에 '의지의 형이상학'을 세웠다. 쇼펜하우어가 말하는 의지와 표상으로서의 세계는 바로 의지를 제1의 원리로 구축한 형이상학이다. 의지의 형이상학에서 삶은 이성에 우선한다. 쇼펜하우어가 말하는 의지는 곧 '삶을 향한 의지'다. 삶이 먼저고, 그것을 합리화하는 이성은 나중이다. 쇼펜하우어에 따르면 삶은 이성적이지도 합리적이지도 않다. 삶은 목적이 없는 것, 곧 맹목적인 것이다. 이성은 그 맹목적인 삶에 의미를 주고 가치를 부여한다. 그러나 따지고 보면 이성의 임무는 삶을 합리화하는 것일 따름이다. 그래서 쇼펜하우어는 이성을 삶에 앞세운 형이상학을 뒤집었다. 서양 철학 전통에서 뒤바뀐 삶과 이성의 관계를 복원하는 문제에 관한 한, 니체는 의심할 여지없이 쇼펜하우어 철학 계열에 서 있다.

7 ·····

바젤 시절의 니체를 말할 때 바그너와의 만남을 빼놓을 수 없다. 바그너와 니체. 두 사람의 만남은 반골 성향을 가진 음악가와 철학자의 만남이다. 바그너는 니체보다 31년 연상이다. 나이로 치면, 바그너는 니체의 아버지뻘이다. 그러나 두 사람은 친교 관계를 맺었다. 정확하게 말하면, 바그너를 열렬하게 숭배한 니체가 바그너 집을 자주 찾으면서 마치 벗처럼 지내다가, 바그너 음악에 실망하면서 두 사람의 교우 관계가 끊어졌다고 보아야 한다. 니체는 왜 바그너 음악에 그토록 열광했는가? 그리고 어느 날 갑자기 왜 바그너 음악에 등을 돌렸는가?

바그너는 음악사에서 독특한 위치를 차지하는 작곡가다. 그는 '음악극'이라는 새로운 장르를 개척한 인물이다. 음악극이란 그 이름에서 알 수 있듯이 음악과 연극을 한데 묶은 종합 예술이다. 이러한 예술 장르에는 오페라가 있다. 그런데 바그너는 자신이 개척한 새로운 형식의 종합 예술을 오페라와 구분해서 음악극이라고 불렀다. 무엇이 다른가? 음악극에서는 오페라에서 많이 사용되는 전통 양식이 철저하게 파괴되어 있다. 몇 가지 예를 들어 보자.

오페라에서는 가장 극적인 순간에 아리아를 부른다. 그러나 음악극에는 아리아가 없다. 격한 감정에 사로잡힐 때 사람은 노래를 부를 수 없다는 것이 바그너의 생각이었다. 바그너는 음악극에서 이중창도 없앴다. 사람들은 동시에 이야기를 할 수 없다는 이유에서였다. 비슷한 논리로 바그너는 합창도 거의 쓰지 않았다. 많은 사람이 동시에 같은 말을 할 수 없기 때문이라고 했다. 이렇게

바그너의 극작 〈트리스탄과 이졸데〉에 등장하는 이졸데.

바그너는 오페라에서 통용되는 고유의 음악 어법을 철저히 무시하고, 음악과 연극, 그리고 무용이 함께 어우러지는 새로운 종합 예술을 꿈꾸었다. 그는 이 것을 음악극이라고 명명했다.

바그너 음악극의 이론적 토대를 제공한 것은 쇼펜하우어 철학이었다. 쇼펜 하우어는 음악을 매우 높이 평가했다. 쇼펜하우어는 이미 살펴본 바와 같이 세 계를 의지와 표상으로 파악했다. 여기서 표상으로서의 세계는 의지가 시공의 제약 속에서 개체화된 것이다. 이것을 쇼펜하우어는 고대 그리스 철학자 아리 스토텔레스가 말한 '개체화의 원리'라는 개념을 도입해서 설명했다. 그러나 음악은 예외였다. 음악은 그 어떤 매개 없이 표현되는 예술이라고 쇼펜하우어 는 생각했다. 그래서 그는 음악을 모든 예술에서 가장 윗자리에 놓았다. 바그너는 쇼펜하우어의 음악 이론을 수용했다.

바그너는 지적인 사람이었다. 음악극이라는 새로운 장르를 개척하기 전에는 오페라를 여러 편 작곡했는데, 다른 오페라 작곡가와는 달리 자신이 직접 오페라 시나리오를 만들고, 대본을 썼다. 젊은 시절에는 1848년 혁명에 열성적으로 참여하기도 했다. 독일 드레스덴에서의 일이다. 혁명이 실패로 돌아갔고, 그에게 체포령이 떨어지자 바그너는 도피했다. 그는 공식 추방령이 해제되는 1864년까지 긴 유랑 시절을 보냈다. 바그너가 쇼펜하우어 철학에 빠진 것도, 음악극이라는 새로운 형식의 종합 예술을 구상한 것도 그 무렵이었다.

니체와 바그너는 1867년 11월에 처음 만났다. 니체가 바젤대학 교수로 임용되기 바로 직전이었다. 당시 바그너는 바이에른 왕국의 마지막 왕이자 오페라 광이었던 루트비히 2세의 후원을 받아 뮌헨에 잠시 정착했다. 하지만 그를 탐탁치 않게 여기는 주위의 눈총을 이기지 못하고, 스위스 루체른 근처에 있는 작은 도시 트립셴에 은거하고 있었다. 니체는 트립셴에 있는 바그너의 집을 자주 찾았다. 학기가 끝나면 바그너가 있는 트립셴을 방문하곤 했다.

니체에게 바그너는 단순한 작곡가가 아니었다. 그는 바그너의 음악을 근대 유럽 문화가 도달한 최고의 경지로 바라보았다. 니체는 최초의 주저라고 할 수 있는 《비극의 탄생》을 바그너에게 헌정했다. 그러나 니체는 이내 바그너 음악에 실망한다. 그 시점은 니체가 쇼펜하우어 철학에서 벗어나는 시점과 거의 일치한다. 쇼펜하우어 철학의 그늘에서 벗어나 독립적인 니체 철학을 선언한 이정표에 해당하는 《인간적인, 너무나 인간적인》에서 니체는 바그너를 공격한다.

정신분열증으로 쓰러진 1888년에도 니체는 바그너에 관한 두 권의 책을 썼다. 《바그너의 경우》와 《니체와 바그너》다. 《바그너의 경우》에서 니체는 바그너와의 전쟁을 공식적으로 선언한다. 그러나 이때도 니체는 바그너 음악이 유럽 문화의 정점에 도달했다는 사실만은 인정한다. 동시에 니체는 바그너 음악이 병들고 부패했다고 비판한다. 《니체와 바그너》는 니체가 생전에 마지막으로 펴낸 책이었다. 니체 철학은 바그너에 대한 찬미에서 시작해 바그너와의 전쟁으로 끝난 셈이다.

바그너와 니체는 게르만 정신의 우월성을 찬양한 인물로 지목되기도 한다. 제2차 세계대전을 일으킨 아돌프 히틀러가 바그너 음악과 니체 철학에 탐닉했다는 사실은 널리 알려져 있다. 니체가 죽은 뒤 니체의 유고를 관리해 왔던 그의 여동생 엘리자베스가 독일 나치즘의 지지자였다는 점도 이런 관측에 힘을 보탰다.

나는 니체 철학이 반유대주의와 게르만 정신의 우월성을 주장한 나치즘의 뿌리라는 지적에 찬동하지 않는다. 그러나 독일 나치즘이 니체 철학에 자극을 받았다는 사실을 굳이 부인하고 싶지는 않다. 하나의 철학적 주장과 그것이 후대에 끼친 영향은 칼로 무를 베듯이 나누어지지 않는다. 저자의 의도와 독자의 해석이 항상 일치하는 것도 아니다. 큰 사상일수록 그 참뜻을 두고 의견이 갈라지는 법이다.

니체는 왜 바그너와 결별했는가? 니체가 바그너와 절연한 이유에 대해, 어떤 이는 바그너의 세속적 출세를 니체가 혐오했기 때문이라고 말한다. 또 어떤 이는 바그너 음악에 나타난 국수주의 색채에 니체가 실망했기 때문이라고 지적한다. 니체 스스로 한 말을 토대로 한 해석들이다. 모두 일리 있는 지적일 것이다. 그런데 니체가 열렬하게 숭배하다가 싸늘하게 돌아선 인물은 바그너

독일 바이마르에 있는 니체 도서관.

뿌이 아니다. 비록 책을 통한 스승이었지만, 쇼펜하우어의 경우도 그렇다. 조금 뒤에 소개할 부르크하르트의 경우도 이와 비슷하다. 니체는 왜 한결같이 반골들에게 흠뻑 빠져들었다가, 또다시 그들을 무너뜨리고자 했을까?

그 이중 코드를 풀기 위해서는 니체 철학이 진정 무너뜨리고자 한 최후의 상대가 누구인가를 읽어야 한다. 니체의 마지막 상대는 쇼펜하우어 철학과 바그너 음악이었을까? 나는 고개를 젓는다. 그가 맞선 최후의 상대는 바로 유럽의 정신이었을 것이다. 니체가 한때 쇼펜하우어 철학과 바그너 음악에 푹 빠져들었던 것은 그것들이 병든 유럽을 치유할 수 있다고 생각했기 때문이었을 것이다. 그리고 니체가 쇼펜하우어 철학과 바그너 음악에 등을 돌린 것은 그것으로는 병든 유럽을 무너뜨릴 수 없다고 판단했기 때문이었을 것이다.

8 •••••

유럽은 정말 병들고 부패했는가? 니체는 왜 그렇게 진단했을까? 그가 바젤 시절에 쓴 《비극의 탄생》에서 그 실마리를 찾을 수 있다. 《비극의 탄생》은 니체가 바그너 음악에 흠뻑 빠져 있을 때 쓴 책이다. 니체의 작품 중에서는 드물게 논문의 체계를 갖추고 있는 글이기도 하다. 여기서 비극은 정확하게 그리스 비극을 가리킨다. 니체는 이 책에서 그리스 문화를 독특한 시각으로 해석한다.

그리스 문화는 서양 문명이 시작되는 지점이다. 서양인에게 그리스는 고향 같은 곳이다. 그들은 생각이 막힐 때 그리스로 달려간다. 어려운 문제에 부딪쳤을 때도 그리스로 간다. 그들이 걷는 길에 확신이 서지 않을 때도 그리스를 찾는다. 곰곰이 살펴보면 근대도 그렇게 시작했다. 근대의 출범을 알린 르네상스는 바로 그리스 문화로 되돌아가자는 운동이었다.

이렇게 르네상스를 근대의 선구로 해석한 이는 역사학자 부르크하르트다. 그를 통해서 르네상스는 15세기 이탈리아의 피렌체에서 등장한 새로운 예술 문화의 '양식'이라는 좁은 의미를 넘어, 중세라는 하나의 시대가 막을 내리고 근세라는 새 시대가 막을 올리는 역사적 '시대'라는 의미가 부여되었다.

부르크하르트는 역사의 발전 또는 진보를 믿지 않았다. 그는 자유를 매개로 역사를 바라본 헤겔이나 생산력과 생산 관계의 길항拮抗으로 역사를 해석한 마르크스처럼, 역사를 하나의 거대한 철학 체계로 담고자 하지 않았다. 이 점에서 부르크하르트는 역사학을 철학에서 분리시키고자 했던 '근대 역사학의 아버지' 랑케와 생각이 비슷했다. 그러나 굵지굵직한 정치적 사건을 역사 연구의 중심축에 놓았던 랑케와는 달리, 부르크하르트는 역사 연구에서 문화를 중시했다. 그래서 부르크하르트는 문화사라는 영역을 개척한 선구로 평가된다.

여기서 말하는 문화사란 예술의 역사를 가리키는 것이 아니다. 역사의 흐름을 문화의 잣대로 읽는 것을 말한다. 부르크하르트에게 역사는 사건사를 의미하지 않는다. 그는 우리가 매일매일 살아가는 세계에서 반복적으로 나타나는 평범한 일상, 곧 문화적 흐름을 조망하는 일이 역사 연구에서 보다 소중하다고 생각했다. 역사는 뛰어난 영웅의 이야기가 아니라 평범한 사람들이 살아가는 이야기이며, 드라마틱한 사건에 관한 이야기가 아니라 평범한 일상생활에 관한 이야기라고 부르크하르트는 생각했다.

부르크하르트는 《이탈리아의 르네상스 문화》라는 책을 통해 한 시대를 어떻게 읽어야 하는가 하는 방법을 보여 주었다. 그가 내린 결론은 우리가 세계사 교과서를 통해서 잘 알고 있는 이야기다. 부르크하르트는 르네상스를 인간을 재발견한 근대의 여명기로 바라본다. 인간은 어떤 목적을 이루기 위한 수단이 아니라, 그 자체로서 아름답고 존엄하다고 여기는 성찰이 이때 일어났다고 본다. 인간을 인간답게 하는 것, 곧 인간성휴머니티에 대한 각성과 인간이 세계의 중심이어야 한다는 인본주의휴머니즘의 흐름이 이때 형성되었다고 해석한다.

인간은 왜 그 자체로서 존엄한가? 인간은 어떻게 세계의 중심에 우뚝 설 수 있는가? 근대인은 그 힘의 원천을 인간이 가진 이성에서 찾았다. 인간은 다른 동물과는 달리 이성을 가진 존재다. 또한 합리적으로 생각할 수 있는 존재다. 인간의 재발견, 인간성에 대한 성찰, 그리고 합리적인 사고는 근대를 읽는 키워드다. 근대와 전근대를 구분하는 핵심 개념이다. 암흑 시대로 불리는 중세 시대와 다른 근대 문화의 특징으로 상정되는 이념들이다.

우리는 지난 피렌체 여행에서 르네상스 시대의 예술가 바사리를 우리의 여행 안내자로 소환한 적이 있다. 바사리가 없었다면 예술의 역사는 아예 존재하지 않았을 것이라고 말한 바 있다. 바로 부르크하르트가 한 이야기다. 오늘날 많은 역사가들은 말한다. 부르크하르트가 없었다면 르네상스를 근대의 기점으로 삼는 일은 없었을 거라고.

니체는 부르크하르트를 높이 평가했다. 부르크하르트처럼 유럽 문화의 원형질인 그리스 문화에 대한 관심도 높았다. 그러나 니체가 생각하는 근대는 부르크하르트가 생각하는 근대와 크게 달랐다. 결론부터 미리 말하자면, 니체가 생각하는 근대는 그 시작부터 단추를 잘못 끼운 것이었다. 근대가 그리스 문화의 재현에서 출발한 것이라면, 근대는 그리스 문화를 처음부터 잘못 이해한 것이라고도 할 수 있다.

니체는 《비극의 탄생》에서 그리스 문화를 두 요소로 나누었다. 하나는 아폴론적인 것이고, 다른 하나는 디오니소스적인 것이다. 아폴론과 디오니소스는 그리스 신화에 등장하는 신들이다. 아폴론은 로마 시대로 오면서 태양의 신으로 자리 잡지만, 원래 음악·시·궁술·의료 등을 관장하는 신이다. 한마디로 예술 분야를 관장하는 주신이라고 할 수 있다. 그리스인들은 아폴론을 숭앙했다. 신의 말씀, 곧 신탁을 받는 곳으로 유명한 델포이 신전도 아폴론을 모시는 곳이다. 그래서 아폴론을 예언의 신으로 부르는 경우도 있다.

니체는 그리스 예술에서 아폴론적인 요소로 '꿈'과 '가상'을 지적한다. 현실의 삶에서 이루지 못한 것을 꿈과 가상의 산물을 통해 해결하고자 했다는 것이다. 니체는 또 아폴론적인 요소로 '조각'과 '서사시'를 말한다. 신의 모습을 제작하고 영웅적인 서사시를 노래했다고 말한다. '의지'와 '절제' 또한 이

르네상스 작가 티티안이 그린 〈박카스와 아리아드네〉. 1520~1523년 작. 영국 왕립미술관 소장.

폴론적인 요소다. 이러한 예술 활동을 통해서 인간의 의지와 숭고함을 기렸다는 것이다. 이 모든 것은 한마디로 가상의 세계다. '기만'이라고도 한다. 현실 세계에서의 불만족스러운 모습을 감추기 위해 가상이 필요했다는 것이다.

디오니소스는 술의 신이다. 로마 신화에서는 바쿠스라는 이름으로도 알려져 있다. 니체의 관찰에 따르면, 디오니소스는 아폴론을 통해 구현된 가상의 세계를 적나라하게 폭로한다. 디오니소스적인 것은 삶의 세계를 벗어나 가상의 세계를 꿈꾸지 않고 삶은 무가치하다는 것을 드러낸다. 꿈과 가상이 아폴론적인 것이라면, '도취'와 '환각'은 디오니소스적인 요소다. 또 니체는 디오니소스적인 예술로 '음악'과 '서정시'를 꼽는다. 이러한 디오니소스적인 예술을 통해서 고양되는 것은 의지와 절제가 아니라 '격정'이다.

니체는 그리스 비극에는 아폴론적인 것과 디오니소스적인 것이 한데 녹아 있다고 관찰했다. 이질적인 두 신은 서로를 제압하기보다는 서로의 힘을 억제해서 그리스 비극이라는 장르를 통해 절묘하게 구현되었다고 보았다. 그리스 문화의 밝은 빛은 역설적으로 그리스 비극에서 나온 것이라고 해석했다.

여기서 짚어 보아야 할 대목이 있다. 그리스 비극을 통해서 니체가 소크라테스를 신랄하게 공격한다는 점이다. 소크라테스를 새삼 소개할 필요가 있을까? 소크라테스는 서양 문화의 원류를 거슬러 올라가면 항상 만나는 고대 그리스의 대현인이다. 어떤 점에서 서양 문화는 소크라테스를 정점으로 하는 그리스 철학과 예수를 정점으로 하는 기독교 사상이 씨줄 날줄로 엮인 것이라고 해도 과언이 아닐 것이다.

니체는 소크라테스를 그리스 비극을 죽인 장본인으로 지목한다. 소크라테스가 추론과 논증을 앞세워 그리스 문화의 정수인 그리스 비극을 고사시켰다고 말한다. 니체의 관찰에 따르면, 그리스 비극이 공연된 장소는 무대와 객석의 구분이 없다. 그곳에서 울려 퍼지는 합창은 관객들을 객체가 아니라 세계와 하나로 일치시킨다. 그것은 서로 충돌하는 이질적인 두 요소를 팽팽한 긴장 속에서 해소시키는 것이다. 그러나 음악이 아닌 대사를 사용하는 그리스 희극이 나타나면서 그 아름다운 긴장은 사라졌다. 니체에게서 그리스 비극의 죽음은 곧 그리스 문화의 죽음을 의미했다. 소크라테스 철학은 이루 말할 수 없이 아름다운 그리스 비극을 완전히 매장시켰다고 니체는 진단했다.

니체의 《비극의 탄생》에 대한 주위의 반응은 싸늘했다. 특히 문헌학계에서는 대단히 실망했다. 니체의 은사 리츨은 이 책을 읽고 어이없어 했다. 리츨은 술 취한 상태에서 써 버린 글 같다고 촌평했다. 부르크하르트는 아무 말도 하지 않았다. 자신의 주장에 동의할 것을 기대했던 니체는 크게 낙망했다고 한다. 뜨거운 반응을 보내 온 것은 바그너뿐이었다. 《비극의 탄생》은 바그너를 위한 책이었기 때문이다. 그 책이 바그너에게 헌정되었을 뿐 아니라, 그 책을 통해서 니체는 바그너를 그리스 비극의 계승자로 해석했기 때문이다.

앞의 질문으로 돌아가자. 유럽은 병들었는가? 니체는 그렇다고 말한다. 그는 건강성을 고대 그리스 문화에서 찾았다. 아폴론적인 성향과 디오니소스적인 성향의 팽팽한 긴장과 조화에서 구했다. 그러나 그리스 문화를 재현한다는 근대는 그리스 문화의 청명성을 잘못 읽었다. 지중해의 푸른 물처럼 건강하고 청명한 아름다움은 디오니소스적인 성향을 제거하고 아폴론적인 성향을 살리는 데서 나오는 것이 아니다. 그 오류는 그리스 비극을 살해한 소크라테스 철학에서 이미 선보였지만, 근대는 그것을 확대 재생산했다. 그 시작부터 근대는 단추를 잘못 끼운 셈이다.

9 ......

젊은 그리스 문헌학자로 바젤에 온 니체는 철학자가 되어 바젤을 떠났다. 그를 철학의 길로 접어들게 한 것은 쇼펜하우어가 쓴 한 권의 책이었다. 그는 쇼펜하우어를 통해서 가치를 뒤집어 보는 법을 배웠다. 기존의 가치를 부정하고, 가치를 물구나무서기시켰다. 하이데거의 표현을 빌려 오면, '가치의 몰가치화', 그리고 '가치의 전도화'다. 가치를 뒤집으니 모든 것은 사라지고 '의지'만 남았다. 쇼펜하우어는 의지를 '삶'과 접목했다. 쇼펜하우어에게 의지는 살아 있는 생명체라면 모두 갖는 삶에의 의지를 뜻했다.

니체는 삶보다 의지 쪽에 방점을 찍었다. 니체가 죽은 뒤, 니체의 여동생은 니체의 유고를 모아 '권력에의 의지'라는 제목의 책을 내놓았다. 쇼펜하우어가 주장한 '삶에의 의지'와 한데 묶으면 그럴듯한 대구가 된다. 독일 나치즘은 이 말을 권력에 대한 예찬으로 받아들였다. 하이데거는 쇼펜하우어 철학에는 '염세적 니힐리즘', 니체 철학에는 '완전한 니힐리즘'이라는 이름을 각각 붙여 주었다.

실존주의 계열의 학자들은 그것을 삶에 대한 뜨거운 긍정으로 해석했다. 실존주의는 영원 회귀와 운명애를 크게 강조했다. 프랑스의 문학가 알베르 카뮈는 마치 니체의 철학적 에세이 《차라투스트라는 이렇게 말했다》를 연상시키는 《시시포스의 신화》를 썼다. 니체가 쓴 《차라투스트라는 이렇게 말했다》의 다층적 메시지보다 카뮈가 쓴 철학적 에세이 《시시포스의 신화》의 메시지가 더 선명하다. 시시포스는 제우스의 저주로 바위를 산 정상에 올려야 하는 벌을 받은 그리스 신화 속의 주인공이다. 산꼭대기에 바위를 올려놓는 순간, 그 바위는 다시 산 아래로 굴러떨어진다. 한 번, 두 번, 세 번……. 바위는 계속 떨어지고, 시시포스는 그것을 뻔히 알면서도 끝없이 바위를 산꼭대기에 올려놓는다. 이건 부조리하다. 그러나 시시포스처럼 우리는 이치에 맞지 않는 부조리한 삶을 살아가고 있다고 카뮈는 말한다.

하이데거와 카뮈의 니체 읽기를 한데 묶어서 해석하면, 니체는 세계가 허무하다는 것을 꿰뚫어 본 철학자다. 우리의 삶은 부조리의 연속이라는 사실을 안 철학자다. 따지고 보면 니체 이전에도 세계가 허무하다는 것을 안 철학자는 많다. 쇼펜하우어 철학도 그 점을 말하고 있다. 그러나 허무한 세계를 허무하다고 그대로 받아들여서 삶을 긍정하고 운명을 사랑하라고 역설한 최초의 철학자는 니체다. 그의 철학은 니힐리즘을 그대로 받아들여 니힐리즘을 극복한 완전한 니힐리즘이다.

지난 세기는 니체 읽기가 크게 성행한 시기였다. 하이데거가 니힐리즘을 매개로 니체를 읽었다면, 데리다는 '텍스트'를 화두로 삼아 니체를 해석했다. 그들은 모두 서양 형이상학의 전복을 꿈꾸던 철학자들이다. 들뢰즈는 니체의 '스타일'을 분석했고, 푸코는 니체 철학에 드러난 '계보학'적 방법론을 더 파고들어갔다. 20세기 철학은 니체 철학에 대한 독후감의 성격을 가지고 있다고 해도 결코 지나친 말이 아닐 것이다. 어떤 점에서 니체 읽기는 지금도 계속되는 현재 진행형이다.

1 니체 생가를 가리키는 안내판. 니체는 라이프치히 남동쪽에 있는 마을 뢰켄에서 태어났다.
2 니체 생가 마당에 놓여 있는 조각상.

1 니체가 자란 집은 박물관으로 꾸며졌고, 니체 아버지가 목사로 일하던 교회는 지금도 그대로 남아 있다. 2 니체는 평생 애증 관계였던 그의 누이 엘리자베스와 나란히 묻혀 있다.

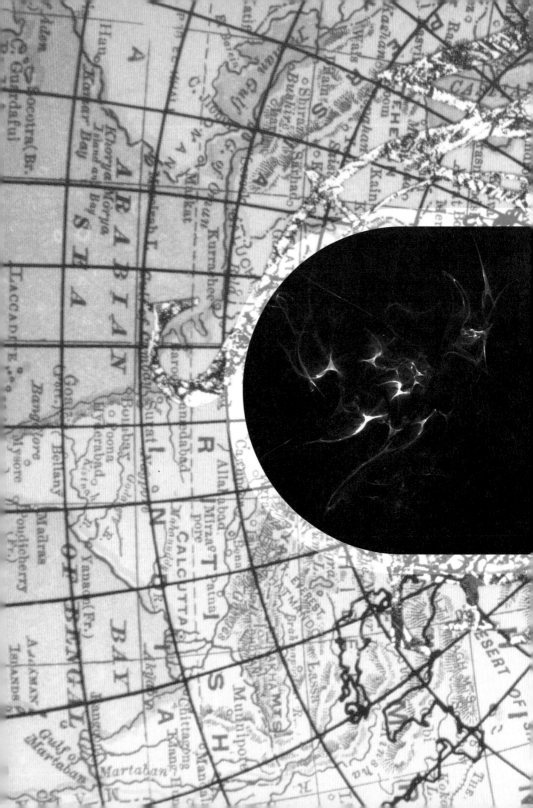

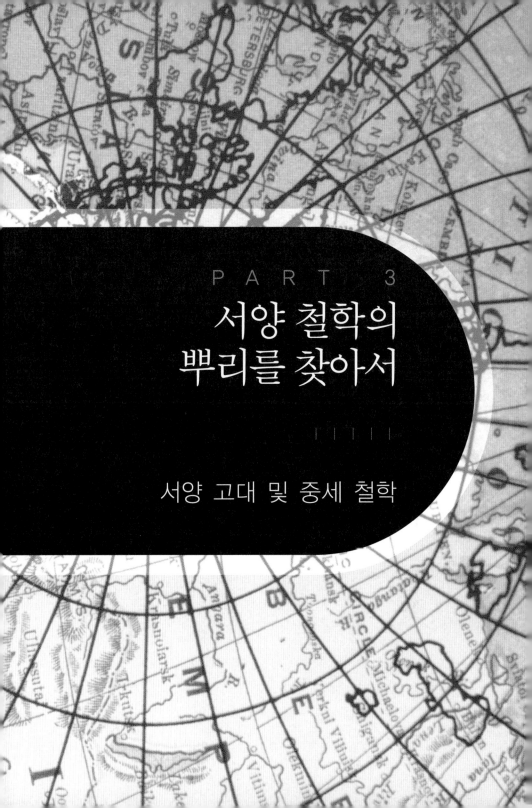

PART 3

서양 철학의
뿌리를 찾아서

서양 고대 및 중세 철학

그 리 스   Greece

델포이
아테네
미케네
스파르타
델로스
크레타

11 생각이 막히면
고대 그리스로 떠난다 : : 아테네

소크라테스는 마치 델포이 신탁처럼 질문에 대한 답을 직접적으로 제공하지 않는다.
그때까지 논의된 내용을 계속 캐물을 뿐이다. 그는 참된 앎이 무엇인지, 또 올바른 삶이 무엇인지
직접 설명하지 않는다. 그 대신 문제를 새롭게 재구성한다. 예를 들어 소크라테스의 주장에
따르면, 참된 앎은 아무것도 모른다는 깨달음이다. 올바른 삶이란 자신의 행위를 똑바로
아는 것이다. 이건 끝없는 선문답이다. 답을 얻는 것이 아니라 새로운 질문의 시작이 아닌가?
그렇다. 소크라테스는 그것이 바로 철학이라고 생각했다.

1 ·····

"그노티 세아우톤Gnothi Seauton."

'너 자신을 알라'는 뜻이다. 이 경구는 소크라테스가 한 말로 유명하다. 그러나 사실은 소크라테스가 처음 한 말이 아니다. 델포이 신전 입구에 새겨져 있었다고 전해지는 경구다.

오늘날 '그노티 세아우톤'이라는 말은 세계 곳곳에 새겨져 있다. 대학의 이념으로 삼는 곳도 많고, 단체의 설립 이념으로 이 경구를 새겨 놓은 곳도 꽤 된다. 심지어는 영화에도 곧잘 등장한다. 눈 밝은 사람이라면, 영화 〈매트릭스〉에서 이 경구가 '오라클'이 거주하는 주방 입구에 새겨져 있는 것을 보았을지도 모른다. 그러나 정작 델포이 신전에는 지금 이 경구가 없다. 단지 그것을 보았다는 증언만 남아 있을 뿐이다.

그 증언 가운데 가장 자세한 기록은 2세기에 살았던 파우사니아스가 쓴《그리스 안내》에 쓰여진 것이다. 파우사니아스는 오늘의 기준으로 보면 인문 지리학자이며 여행가다. 그는 그리스와 로마, 멀리는 팔레스타인과 이집트 등을 여행하면서 당시의 습속을 자세히 묘사했다. 파우사니아스의 관찰에 따르면 '그노티 세아우톤'은 델포이 신전 앞 주랑에 새겨져 있었다고 한다.

파우사니아스는 델포이 신전에 이 말을 새긴 사람으로 킬론을 지목했다. 킬론은 기원전 5세기에 스파르타에 살았던 현인이다. '이솝 우화'의 주인공인 이솝의 친구로도 유명하다. 이솝도 그렇지만, 킬론은 매우 지혜로운 사람이었다고 전해진다. 지혜 있는 사람을 숭상하는 그리스인들은 그들의 역사를 통해서 가장 슬기로운 일곱 명의 현인을 꼽아 '그리스 7현인'이라고 부르곤 했는데, 지금까지 7현인에 거론되었던 이들을 모두 뽑으면 대략 20명 정도 된다. 킬론은 7현인의 목록에 거의 빠짐없이 등장하는 그리스 현인 중의 현인이라고 할 수 있다. 나는 파우사니아스가 '그노티 세아우톤'의 발언자로 킬론을 지목한 것이 킬론의 높은 평판 때문이었을 것이라고 짐작한다.

그러나 킬론이 그 말을 처음으로 했다는 결정적인 증거는 없다. 당연히 다른 현자들도 '그노티 세아우톤'의 원발언자로 거론된다. 어떤 이는 그 말의 원발언자를 솔론이라고 주장한다. 솔론은 기원전 6세기에 아테네의 정치 개혁을 이끈 인물이다. 최근에는 소아시아에서 살았던 탈레스가 그 말의 원조라는 주장이 나와 가장 큰 설득력을 얻고 있다. 탈레스는 만물의 기원은 물이라고 말한 서양 철학의 아버지다. 더 재미있는 주장도 있다. '너 자신을 알라'는 말은 그리스인들이 처음 한 말이 아니라, 이집트에서 온 격언이라는 것이다. 아니, 인도에서 수입된 것이라는 주장도 있다.

생뚱맞게 '너 자신을 알라'는 말의 원발언자에 얽힌 이야기로 이번 장을 시작하는 이유는 우리가 지금 얼마나 아득히 먼 곳으로 시간 여행을 하는가 하는 점을 좀 강조하기 위해서다. 사실 누가 그 말을 처음 했는가를 밝히는 것이 그렇게 중요한 일은 아닐지도 모른다. 그러나 역사와 신화가 겹쳐지는 아득히 먼 시대의 이야기일수록 그 전거는 한층 더 분명해야 한다.

앞에서 거론한 그리스 현인들은 기록을 남기지 않았다. 더 정확하게 말하면, 우리는 그들에 관한 1차 기록을 가지고 있지 못하다. 후세 사람들이 전한 기록을 통해서 그들의 생각을 간접적으로 접할 수 있을 뿐이다. 킬론과 솔론이 그렇고, 탈레스와 소크라테스 또한 마찬가지다. 곰곰 생각해 보면 놀랄 만한 사실은 아니다. 그들은 대략 2500년 전의 사람들이다. 예수가 태어나기 500년 전의 먼 이야기다. 그때 그 사람들의 생각이 단편적으로나마 전해진다는 사실이 오히려 더 놀랍다.

너 자신을 알라는 말의 원발언자가 누구든, 그 말을 가장 훌륭하게 해석한 이는 소크라테스다. 그를 통해서 그노티 세아우톤은 신화에서 철학으로 바뀐다. 서양 철학의 역사는 너 자신을 알라는 저 잡힐 듯 말 듯한 말에서 시작된다. 소크라테스의 해석은 잘 알려져 있다. 그것을 간추려서 말하면 이렇다.

기원전 399년 소크라테스는 아테네 법정에 섰다. 그의 죄명은 그리스의 신을 인정하지 않고 새로운 신을 만들어 냈으며, 아테네의 청년들을 타락시킨다는 것이었다. 그는 시민 배심원 앞에서 세 차례에 걸쳐 자신의 죄목을 반박했다. 그 중에서 가장 유명한 대목이 자신이 어떻게 지혜 있는 사람으로 알려졌는가를 설명하는 부분이다.

어느 날 그의 친구가 델포이 신전을 찾아가 아테네에서 가장 지혜로운 사람이 누구냐고 물었고, '소크라테스보다 더 지혜로운 사람은 없다'는 신탁을 받았다. 소크라테스는 이 말을 의심했다. 왜냐하면 소크라테스는 자신이 아는 바가 없다는 사실을 너무 잘 알았기 때문이다. 그래서 소크라테스는 신탁을 반박하기로 결심하고, 지혜로운 이로 소문난 사람들을 두루 찾아 나선다. 그런데 그들은 실제로 아무것도 알지 못하면서 스스로 아는 것이 많다고 생각하는 사람들이었다. 소크라테스는 마침내 델포이 신전의 신탁처럼 자신이 아테네에서 가장 지혜로운 사람이라는 사실을 깨닫게 되었다. 왜? 다른 사람들은 실제로 모르는 것을 알고 있다고 착각하지만, 아무것도 모르는 그는 최소한 그 사실만큼은 똑바로 알고 있었기 때문이다.

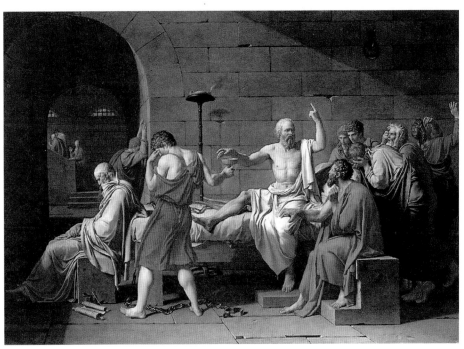

소크라테스는 아테네 신을 믿지 않고 아테네의 청년들을 타락시켰다는 죄로 배심원으로부터 사형을
선고받았다. 그림은 프랑스 화가 자크 루이 다비드가 그린 〈소크라테스의 죽음〉. 1787년 작품.

잠깐! 소크라테스는 자신의 철학을 기록으로 남기지 않았다고 하지 않았는가? 그럼 앞에서 말한 소크라테스의 해석은 어떻게 알려질 수 있었는가? 지금 우리 손에는 이와 관련된 두 기록이 있다. 그 기록자는 모두 소크라테스의 제자들이다.

나이순으로 말하면, 첫 번째 기록자는 크세노폰. 그는 명문가 출신으로 군인, 문필가, 그리고 철학자로 분류되는 인물이다. 때로는 경세가로 불리기도 한다. 오늘날 경제학을 뜻하는 이코노믹스는 그가 저술한 《오이코노미코스》에서 비롯된 것이다. 그가 쓴 책으로는 군인으로서 소아시아 전쟁에 참여한 기록을 담은 《아나바시스》가 가장 유명하다. 요즈음 말로 하면 그 책은 '참여 관찰'을 통한 전쟁 기록이지만, 소아시아에 대한 묘사도 생생하다. 크세노폰이 소크라테스에 관해 기록한 책은 모두 세 권이 있다. 《변명》과 《향연》, 그리고 《기억할 만한 것들》이다.

그 다음 기록자는 소크라테스만큼 유명한 철학자 플라톤. 플라톤 역시 명문가 출신으로 30권 가까운 책을 남겼다. 대부분의 책들이 소크라테스를 주인공으로 한 희곡 형식으로, 소크라테스와 주변 인물들의 철학적 대화를 담고 있기 때문에 《대화편》이라고 불린다.

말하자면 우리는 두 버전의 소크라테스 기록을 통해 소크라테스와 소크라테스의 철학을 알고 있다고 할 수 있다. 하나는 크세노폰 버전의 소크라테스고, 또 다른 하나는 플라톤 버전의 소크라테스다. 두 버전 중에서 중요한 것은 단연 플라톤 버전의 소크라테스다. 모든 이들이 거의 예외 없이 플라톤 버전의 소크라테스를 선택했기 때문이다. 크세노폰 버전의 소크라테스는 소수의 철학 전공자들이 보조적으로 이용하고 있을 뿐이다.

여러분이 알고 있는 소크라테스는 틀림없이 '플라톤의 소크라테스'일 것이다. 필자 또한 예외일 수 없다. 더 확대해서 말하면, 철학사에서 말하는 소크라테스는 거의 예외 없이 플라톤의 소크라테스라고 할 수 있다.

2 •••••

그노티 세아우톤이 새겨져 있었다는 델포이 신전은 파르나소스 산맥의 한 줄기인 키르키스산 중턱 깎아지른 듯한 경사지에 있다. 델포이에서는 신화와 역사가 함께 숨을 쉰다. 신화는 델포이를 세계의 중심이라고 말한다. 까마득하게 오래전, 신들의 으뜸인 제우스는 세계의 양 끝에서 황금 독수리 두 마리를 세계의 중심을 향해 각각 날려 보냈다. 그 두 마리의 독수리는 델포이에서 만났다. 사람들은 독수리가 만난 곳을 '옴팔로스', 곧 '지구의 배꼽'이라고 부르고, 그곳에 돌을 세워 표시했다. 그 돌은 지금 델포이 신전 자리 아래 새로 세워진 박물관에 소중하게 보관되어 있다.

옴팔로스의 돌은 신과 소통할 수 있게 하는 힘을 지니고 있다고 그리스인들은 생각했다. 그래서 그리스인들은 이곳에 신전을 세우고 신탁을 받았다. 신탁이란 신의 답변을 말한다. 물론 질문을 하는 이는 인간이다. 인간의 지혜로는 풀기 힘든 어려운 문제가 있을 때, 인간은 그곳에서 신의 말씀을 듣는다.

신의 말씀을 전하는 델포이 신전의 신녀를 '퓌티아'라고 부른다. 그들이 모시는 신전의 주인은 아폴론 신이다. 신화에 따르면 아폴론은 뱀 머리의 형상을 한 괴물 '퓌톤'을 화살로 죽이고, '퓌티아'에게 신전 지키는 일을 맡겼다. 이름에서 짐작할 수 있듯이 퓌톤은 이 괴물의 남성형이고, 퓌티아는 그 여성형이다.

델포이 신탁 이야기는 끝이 없다. 중요한 이야기만 간추려도 고대 그리스의 역사 전체를 훑어야 할 판이다. 지금 우리는 그리스 칠학을 이야기하기 위해

414

아테네의 아이게우스 왕(왼쪽)이 세 다리 의자 위에 앉은 신녀 퓌티아를 통해 신탁을 받고 있다. 기원전 440~430년경. 퓌티아를 그린 그림 가운데 오늘날까지 전해지는 유일한 것이다. 베를린 박물관 소장.

델포이 신탁을 찾았지만, 그것은 역사와 문학에서도 마찬가지다. 서양에서 역사학의 효시로 불리는 헤로도토스의 《역사》는 델포이 신탁에 관한 이야기에서 시작한다. 서양에서 첫 문학 작품이라고 평가하는 호메로스의 서사시 〈일리아드〉와 〈오디세이〉에서도 델포이 신탁을 빼놓는다면 이야기를 구성하기가 힘들다.

델포이 신탁은 그리스의 황금시대 이후에도 꽤 오랜 기간 계속되었던 것으로 보인다. 마케도니아의 알렉산더 대왕과 로마 네로 황제의 델포이 신탁에 얽힌 이야기가 그것을 단적으로 말해 준다.

알렉산더 대왕은 페르시아 제국과 패권을 건 건곤일척의 혈투를 하기 전에 델포이 신전을 찾았다. 승패가 궁금했기 때문이다. 그러나 신탁은 내려지지 않았다. 여러 방법을 써 보았지만 델포이의 신녀는 끝내 신의 말씀을 받지 못했다. 신녀는 "할 수 없습니다. 그만 가시지요" 하고 알렉산더에게 말했다. 그러자 화가 난 알렉산더는 신녀의 머리채를 끌고 복도로 나갔다. 그때 신녀가 외쳤다. "저를 놔주세요. 당신을 이길 사람은 아무도 없습니다." 이에 알렉산더는 기쁜 마음으로 델포이 신전을 떠났다.

로마의 폭군 네로는 자신의 생모를 죽이고 황제가 된 인물이다. 네로가 델포이 신전에 들어서자, "신이 네 모습을 보고 대단히 노하셨다. 여기에서 썩 나가라, 네 어미를 죽인 놈아. 73이라는 숫자가 네 몰락을 재촉할 것이다"라는 신탁이 떨어졌다. 네로는 그 신탁을 전한 신녀를 산 채로 매장해서 죽였다. 네로는 그 신탁을 73세에 자신이 죽는다는 예언으로 해석했다. 그러나 네로는 얼마 뒤, 갈바 장군에게 패해 자살을 하고 말았다. 그때 네로는 31세, 갈바 장군은 73세였다.

델포이 신탁 가운데 상당수는 실제와 허구가 섞여 있을 것이다. 네로 황제에 관한 대목에서도 상상력을 덧칠한 흔적이 엿보인다. 어쨌든 우리는 그런 이야기를 통해 델포이 신전에서 신탁받는 일이 로마 시대까지 이어졌다는 사실을 알 수 있다. 네로는 델포이 신전에 있는 500개의 청동상을 빼앗아 왔다고 전해진다. 20세기 예술사가 곰브리치에 따르면, 네로 황제가 통치할 당시 로마에서는 델포이 신전 양식의 조각상이 큰 인기를 끌었고, 원본이 부족해지면서 '짝퉁' 조각이 성행했다고 한다.

알렉산더 대왕과 네로 황제의 이야기에서 알 수 있듯이, 신탁 의식을 주재하는 신녀들은 의뢰자의 마음에 들지 않는 신탁이 떨어질 때 험한 꼴을 당하기도 했다. 델포이 신전에서 처음 신녀가 등장한 시기를 학자들은 기원전 8세기경으로 추정한다. 신녀가 주재하는 델포이 신전의 신탁은 392년 로마 황제 테오도시우스가 기독교를 국교로 제정하고, 기독교 이외의 모든 종교 의식을 금지함으로써 역사에서 그 막을 내린다.

델포이 신탁은 정말 신통했을까? 나는 델포이 신탁이 1000년이 넘도록 그리스 세계에서 신통력을 발휘했던 하나의 단서를 그리스 철학자 헤라클레이토스의 말에서 찾는다. 헤라클레이토스는 "델포이에 있는 신탁의 주재자는 말하지도 않고, 감추지도 않으며, 신호를 보낼 뿐이다"라고 했다.

신탁은 분명하게 말하지 않는다. 그렇다고 감추지도 않는다. 다만 모호하게 전할 뿐이다. 따라서 신의 말씀 못지않게 그 말씀을 해석하는 일이 중요하다. 그 단적인 예가 기원전 480년 아테네가 페르시아 군을 물리친 살라미스 해전에 얽힌 신탁이다.

당시 무적을 자랑하던 페르시아 군이 아테네를 침공한다는 소식을 접하고 아테네 사람들은 안절부절못했다. 당연히 델포이 신전에서 신탁을 받았다. 그런데 그 신탁이 매우 묘했다. "나무 장벽 뒤에서 아테네는 난공불락이다"라는 것이었다. 도대체 무슨 뜻인가? 신탁을 고지식하게 해석한 이들은 아테네 아고라 광장에다 나무 장벽을 쌓고 페르시아 군대와 일전을 겨루자고 했다. 그때 페르시아 군이 육지에 상륙한 뒤에는 승산이 없으니 바다에서 일전을 벌이자고 주장한 이가 있었다. 정치가이자 군인인 테미스토클레스였다. 그는 나무 장벽이란 배를 의미한다고 신탁을 해석하고, 살라미스 바다에서 페르시아 군과 일전을 벌였다. 결과는 아테네 군의 대승이었다. 그러면 신탁의 예언은? 적중했다. 그런데 만일 아테네가 패배했다면 신탁의 예언이 틀렸다고 했을까? 아니다. 신탁에 귀를 기울이지 않아서 패배했다고 했을 것이다. 이래도 저래도 신탁의 예언은 맞는 셈이다.

델포이 신탁은 이렇게 모호하기로 악명이 높다. 신탁이 영험하게 보였던 이유는 코에 걸면 코걸이, 귀에 걸면 귀걸이 식의 모호성 때문이었는지도 모른다. 그러나 나는 신탁의 모호성을 깎아내리고 싶지 않다. 소통이라는 잣대로 볼 때, 신탁의 모호성은 악덕이 아니라 미덕이다. 신탁은 인간이 신에게 물어온 질문에 대해 분명하게 말하지도 않고, 회피하지도 않은 채 모호하게 답변함으로써 결국 그 질문을 인간에게 되돌려 준다. 이렇게 신탁은 신과 인간이 마치 공을 서로 주고받는 듯한 쌍방향 소통 구조를 가지고 있다. 신탁을 받기 전 질문을 모으는 과정에서 여론을 형성하고, 신탁을 받은 후 그 신탁을 해석하는 과정에서 또 한차례 여론을 수렴하는 고대 그리스의 의사소통 구조가 지닌 효율성은 현대 사회의 그것에 결코 뒤지지 않는다. 그 힘은 역설적으로 신탁이 가진 모호성 때문에 온 것이 아니었을까?

3 ·····

소크라테스 철학은 델포이 신탁을 닮았다. 델포이 신탁은 신의 말씀을 원하는 사람에게 보탤 것도 뺄 것도 없는 완결된 메시지를 전하는 것이 아니라, 더 채워 넣어야 할 모호한 메시지를 전한다. 소크라테스 철학도 그렇다. 소크라테스는 완결된 철학을 가르치는 것이 아니라, 대화 상대자와 함께 공을 서로 주고받듯이 대화를 하면서 철학적 메시지를 완성해 나가는 구조를 가지고 있다.

그래서 소크라테스 철학에서는 '무엇'을 말하고 있는가 하는 점보다 '어떻게' 말하고 있는가 하는 데 주목해야 한다. 소크라테스가 아테네 청년에게 가르친 것은 완결된 지식 체계가 아니라 생각하는 법이다. 소크라테스 철학은 '소크라테스식 생각하기'에 다름 아니다. 여기에서 중요한 것은 생각의 '과정'이지, 그 '결과'가 아니다. 예를 들면, 소크라테스는 철학이라는 생선을 우리에게 던져 준 것이 아니라 그 생선을 잡는 방법을 전하고자 했다고 할 수 있다.

소크라테스 철학을 '무지의 지'라고 부르기도 한다. 이 표현은 요약하는 데 남다른 솜씨가 있는 일본 학계에서 붙인 이름이다. 아마 "악법도 법이다"라는 말과 함께 우리나라에도 널리 퍼진 일본에서 들어온 소크라테스 철학에 대한 한 줄의 요약일 것이다. 필자는 이러한 소크라테스 독해법을 크게 경계한다. 일본에서 수입했기 때문이 아니다. 소크라테스가 목숨을 던져 전하고자 했던 소크라테스식 사유법에 어긋나기 때문이다.

우리가 철학을 하는 것은 생각의 힘을 키우기 위해서다. 생각의 힘은 생각하는 과정을 생략하고 마지막에 내려진 결론을 한 줄로 그럴듯하게 요약해서 암기한다고 얻어지는 것이 아니다. "너 자신을 알라"는 말은 바로 그 점을 강조하기 위한 소크라테스의 메시지라고 할 수 있다. 그런데 그 메시지마저 앞뒤 문맥을 다 자르고 한 줄로 요약한다면, 생각의 힘이 커지겠는가?

소크라테스식 사유법 또는 소크라테스식 철학하기를 그리스에서는 '엘렌쿠스Elenchus'라고 부른다. 우리말로는 논증, 논박, 변증론, 문답법, 대화법, 반어법 등이 혼용되어 쓰이고 있다. 논증과 논박이라는 번역은 일반적이어서 좀 밋밋하고, 변증론이라는 용어는 너무 딱딱하다. 개인적으로는 '소크라테스 대화법'이라고 번역하는 것이 가장 무난하다고 생각한다.

소크라테스는 자신의 생각을 글로 쓰지 않았다. 사람들을 한곳에 모아 놓고 강연을 하지도 않았다. 아테네 거리를 걷다가, 또는 광장을 자유롭게 돌아다니다가 만난 사람들과 그저 대화를 했을 뿐이다. 자신의 생각을 다른 사람에게 목청 높여 설득한 것도 아니다. 다른 사람이 가진 의문에 분명한 답을 준 것도 아니다. 대신에 소크라테스는 대화 상대자와 함께 그 답을 찾아 나섰다. 그것이 마치 산파가 아기 낳은 것을 도와주는 일과 비슷하다고 해서 산파술이라고 부르기도 한다. 소크라테스의 어머니는 출산을 도와주는 산파였다고 한다.

소크라테스 대화법의 백미는 아이러니, 곧 역설을 즐겨 사용했다는 점이다. 소크라테스는 상대방의 이야기를 주의 깊게 듣다가, 어느 지점에서 상대방의 논리로 지금까지 상대방이 한 이야기를 논박한다. 허를 찔린 상대방은 우물쭈물한다. 대화의 주도권이 순식간에 소크라테스에게로 넘어오는 것은 물론이다. 그 반전의 묘미를 느끼기 위해서는 백문이 불여일견, 나는 플라톤이 쓴 소크라테스의 대화편을 보기를 강력하게 권한다.

그렇다면 소크라테스 철학은 말을 살하는 방법, 다시 말해 자신의 주장을 효과적으로 펼치고 상대방의 주장을 효과적으로 반박하는 기술을 가르치는 화술인가? 맞다. 나는 이 점을 부인하고 싶지 않다. 소크라테스 철학에는 그런 성격이 분명히 있다. 소크라테스가 살던 기원전 5세기 무렵의 아테네에서는 자신의 주장을 설득력 있게 펴고, 상대방의 주장을 효과적으로 격파하는 법이 성행했다. 이 설득의 기술을 변론술이라고 부른다. 수사적 표현을 많이 동원했기 때문에 수사학이라고 부르기도 한다. 당시 그리스 세계의 중심 도시였던 아테네에는 이런 변론술 또는 수사학이라고 불리는 기술을 가르치는 사람들이 모여들었는데, 그들을 '소피스트'라고 불렀다.

소피스트는 원래 '지혜로운 사람' 또는 '현명한 사람'이라는 말이다. '소피아'는 '지혜'를 뜻한다. 철학을 의미하는 '필로소피philosophy'의 어원도 '지혜sophia를 사랑하는 사람philos'이라는 뜻이다. 그런데 요즘에는 교묘한 말로 남의 주장을 격파하고 자신의 주장을 억지로 꿰맞추는 궤변론자를 가리키는 말로 주로 쓰인다. 말의 뜻이 180도 바뀐 것이다. 이렇게 소피스트가 지혜를 가르치는 현자에서 논쟁에서 이기는 법을 가르치는 궤변론자로 전락한 데는 플라톤의 영향이 크다.

소피스트는 철학의 주제를 '자연'에서 '인간'으로 옮긴 사람들이다. 보통 그리스 철학은 소크라테스를 기점으로 소크라테스 이전의 철학과 소크라테스 이후의 철학으로 나뉜다. 서양 철학사에서 차지하는 소크라테스의 위치가 워낙 우뚝하기 때문에 이러한 구분법이 매우 편리하기는 하다. 그러나 철학의 역사를 생각의 물길이 바뀌는 기점을 중심으로 살펴본다면, 필자는 소피스트 이전의 '자연 철학'과 소피스트 이후의 '도덕 철학'으로 나눈 헤겔식 구분이 더 일리가 있다고 생각한다.

4 ⋯⋯

시곗바늘을 잠시 뒤로 더 돌려 소피스트가 등장하기 이전의 자연철학자들을 만나 보기로 하자. 만일 우리가 과거에서 현재로 흐르는 시간의 순서를 따라 철학 여행을 했다면, 그리스 자연철학자들은 우리가 제일 먼저 만났어야 할 인물들이었다.

그리스 자연철학자 중에서도 맨 앞자리를 차지하는 사람이 탈레스다. 그에 관해서는 전설적인 이야기가 많다. 개기 일식을 예측했다는 기록이 그 중의 하나다. 이 이야기는 그리스 역사가 헤로도토스의 《역사》에 나온다. 호사가들이 계산해 보니, 그날이 기원전 585년 5월 28일이었다고 한다. 탈레스가 이집트를 여행할 때 비례식을 이용해 피라미드의 높이를 알아냈다는 이야기도 유명하다.

플라톤이 쓴 《대화》 가운데 '테이아테토스' 편에는 밤하늘의 별을 관측하다가 물웅덩이에 빠진 우스꽝스러운 철학자에 대한 이야기가 나온다. 그 광경을 지켜본 여인이 "하늘에 있는 일을 알려고 하는 사람이 발밑에 있는 것도 못 보느냐"며 혀를 찬다. 그 웅덩이에 빠진 이가 바로 탈레스다. 플라톤의 제자로 그리스 철학을 집대성한 아리스토텔레스가 쓴 《정치학》에도 탈레스에 관한 일화가 나온다. 탈레스는 흉년이 든 어느 해에 농작물을 보관하는 창고를 대규모로 예약했다. 그 이듬해에는 기상 환경이 좋아져 풍년이 들 것이라고 확신했기 때문이다. 그의 예측대로 다음해에 큰 풍년이 들자 창고 수요가 크게 부족했으므로 탈레스는 큰 돈을 벌 수 있었다. 철학자는 원하기만 한다면 큰 돈을 벌 수 있지만 세속적인 욕심을 부리지 않는다는 점을 강조한 것이다.

탈레스는 만물의 근원은 물이라고 주장했다. 이 주장으로 그는 철학의 아버지라는 영예를 얻었다. 이 말이 그토록 대단한가? 초등학생도 웃을 만한 주장 아닌가? 그러나 그를 철학의 효시라고 보는 것은 그의 주장이 옳기 때문이 아니다. 옳고 그름을 떠나서 종교나 신화 또는 그 밖의 어떤 권위에도 의존하지 않고, 자기 생각을 논리를 세워서 최초로 말한 이가 탈레스였기 때문이다. 탈레스는 서양 역사를 통해서 그렇게 생각하는 법을 처음 선보인 사람이다.

탈레스는 자신의 주장을 무조건 따르라고 강요하지 않았다. 제자들에게도 그랬다. 탈레스의 제자 중에는 만물의 근원을 '공기'라고 주장한 아낙시메네스도 있고, 만물의 근원을 '아페이론'이라고 불리는 무한 개념을 빌려서 주장한 아낙시만드로스도 있다. 제자들이 스승의 주장을 뒤엎은 것이다. 만일 탈레스가 만물의 근원은 물이라고 자신이 내린 결론을 제자들에게 무조건 강요했다면, 그런 일은 없었을 것이다. 생각을 열어 놓고 토론을 권장했다는 점은 탈레스가 철학의 아버지라고 불리는 또 하나의 이유다.

그래도 그를 철학의 아버지라고 부르는 데 선뜻 동의할 수 없다면, 철학적 주석을 몇 마디 더 달아 보기로 하자. 만물의 근원이 물이라고 한 탈레스의 주장에서 물에 주목하지 말고 '근원'에 주목해 주기 바란다. 여기서 근원은 모든 물질의 기본이 되는 원재료를 가리킨다. 이 세상에는 수많은 물질이 있지만, 그것은 원재료에서 출발하는 것이며, 또한 결국 원재료로 돌아간다는 뜻이다. 이러한 발상은 근대 물리학의 발상과 기본적으로 다르지 않다. 물리학의 시작은 모든 물질의 기초가 되는 요소를 규명하는 데서 비롯된 것이 아닌가?

여기서 근원이라는 말은 그리스어 '아르케'를 번역한 것이다. 아르케라는 용어 자체는 탈레스의 제자 아낙시만드로스의 철학에 처음 등장하지만, 모든 물질의 기본이 되는 것이라는 개념 자체는 이미 탈레스에게서 나타났다고 할 수 있다. 탈레스를 철학의 아버지라고 평가하는 까닭은 아르케를 물이라고 주장했기 때문이 아니다. 아르케라고 불리는 철학적 개념을 그가 처음 선보였기 때문이다.

5 ·····

소피스트가 활약한 기원전 5세기의 아테네로 다시 돌아가자. 당시 그리스 세계의 중심이던 아테네로 몰려든 소피스트는 탈레스 같은 자연철학자들이 아니었다. 그들의 관심은 더 이상 자연 세계를 규명하는 데 있지 않았다. 그들이 관심을 가진 것은 인간과 사회 문제였다. 자연의 세계가 아니라 인간이 만든 세계에 관심을 쏟았다. 소피스트들은 그것을 '노모스nomos'라고 불렀다. 노모스는 물질 또는 자연을 뜻하는 '피시스physis'와 맞서 등장한 개념이다.

이야기가 좀 길어지더라도 노모스에 대한 이야기는 짚어 보고 가는 것이 좋겠다. 왜냐하면 노모스는 자연 철학과 도덕 철학이 나누어지는 계기가 되는 핵심 개념일 뿐만 아니라, 노모스에 대한 성격 규정을 둘러싸고 소크라테스 철학과 소피스트 철학이 갈라서기 때문이다.

그런데 노모스가 대체 무엇인가? 사전에는 '고대 그리스에서 사회, 제도, 도덕, 관습 등을 자연과 대립시켜 사용하는 말'이라고 적혀 있다. 철학 용어는 외연의 폭을 좁혀서 제한적인 의미로 사용되는 것이 일반적이다. 철학자들은 자신의 주장을 오해의 여지없이 전달하기 위해 용어를 엄격하게 정의해서 사용하고, 때로는 신조어를 만들기도 한다. 철학 용어가 어려워지는 이유다. 원개념을 우리말로 옮겨서 번역하는 것이 까다로워지는 원인이다. 그런데 노모스라는 개념은 정반대다. 그 뜻이 제한적이고 엄격해서 옮기기가 까다로운 것이 아니라, 포괄적이고 탄력적이어서 우리말에 맞는 단어를 찾기가 힘들다.

노모스를 규범이라고 해석하는 이들이 있다. 주로 법철학자들이다. 노모스를 문화로 바라보는 이들도 있다. 주로 문화를 연구하는 사람들이다. 철학자들은 노모스를 도덕으로 보는 경향이 강하다. 노모스는 그것을 다 포괄하는 개념이다. 따지고 보면, 피시스라는 용어도 그렇다. 자연을 가리키는 말이지만, 물질을 지칭하기도 한다. 자연 또는 물질의 근본이 되는 그 무엇, 곧 본성을 뜻하기도 한다. 피시스라는 그리스어는 로마로 건너가면 '나투라natura'가 된다. 자연 또는 본성을 뜻하는 영어 'nature'는 여기에서 온 말이다.

이렇게 포괄적인 의미로 쓰이는 용어는 그 말이 처음 등장해서 퍼져 나가는 과정을 역으로 거슬러 살펴볼 때, 그 뜻이 더 분명해지는 경우가 있다. 노모스가 그런 말 중의 하나다. 노모스는 이집트에서 온 말이다. 이집트는 인류 문명의 탄생지 가운데 하나지만, 사실 처음부터 하나의 나라, 동일한 종교, 같은 문화를 가진 공동체가 아니었다. 이집트는 나일강 유역을 따라 지방색이 다른 여러 곳으로 구성되어 있었는데, 그 지역을 가리키는 그리스어가 노모스다(이집트 말로는 세페스). 노모스에는 그곳을 다스리는 독자적인 지도자가 있었으며, 각각의 노모스를 수호한다고 믿는 고유의 신을 모시고 있었다.

노모스는 이렇게 신이 만든 자연 세계가 아니라 인간의 손으로 만든 곳을 뜻하는 말로 처음 쓰였다. 그러다 차츰 그 인간 세계를 지탱하는 법이라는 뜻으로 쓰였다. 여기서 법이란 지금과 같이 의회에서 만든 법률을 뜻하는 것이 아니라, 노모스를 지탱하는 규범이라는 뜻에 더 가깝다. 당연히 오늘의 시각에서 보면 관습과 도덕, 심지어는 문화까지 포함한다.

노모스가 그리스 철학의 중심 과제로 떠오른 것은 그리스 도시국가의 발전과 깊은 상관관계가 있다. 기원전 5세기 무렵 그리스 일대에는 폴리스라고 불리는 도시국가가 크게 융성했다. 그 중에서 가장 세력이 컸던 폴리스는 아티카 지방의 아테네와 펠레폰네소스 반도 남동부 지역에 자리한 스파르타였다. 경쟁 관계에 있던 아테네와 스파르타는 페르시아의 침입을 막기 위해 서로 손을 잡고 마침내 페르시아를 물리친 뒤, 그리스의 황금시대를 연다. 페르시아에 맞서기 위해 조직한 델로스 동맹의 맹주였던 아테네는 당시 그리스인이 살던 세계의 중심지였다. 물자와 돈, 그리고 사람들이 아테네로 몰려든 것은 당연했다.

아테네로 몰려든 지식인들은 웅덩이에 빠질 줄도 모르고 밤하늘의 별을 쳐다보며 우주의 비밀을 밝혀내기를 갈구하는 현자들이 아니었다. 그들이 관심을 가진 것은 자연의 본질, 곧 피시스가 아니라 인간이 만든 노모스였다. 그들

아테네 사람들은 피시스, 곧 '자연의 근원이 무엇인가' 하는 것보다는 인간이 만든 노모스,
곧 '인간 사회를 규율하는 것이 무엇인가' 하는 점에 보다 관심을 기울였다.
사진은 아테네 언덕 위에 있는 파르테논 신전. 지금 파르테논 신전은 보수 공사가 한창이다.

중에는 소크라테스처럼 아테네에서 태어난 본토박이가 드물었다. 대부분이 아테네 이외의 곳에서 돈을 벌기 위해 아테네로 온 사람들이었다. 그들은 아테네에서 귀족의 자제들을 가르치고, 거기서 받는 강사료로 생활을 했다. 바로 소피스트들이다.

소피스트들이 직접 쓴 글은 거의 남아 있지 않다. 지금 우리에게 알려진 소피스트들의 주장은 플라톤의 기록을 통해서 접할 수 있을 뿐이다. 플라톤의 《대화》에 악역으로 등장하는 소피스트들의 주장은 주인공인 소크라테스에게 여지없이 반박당한다. 플라톤이 소피스트를 혐오한 이유는 크게 두 가지였다. 하나는 소피스트들이 보수를 받고 지식을 팔았다는 점이고, 다른 하나는 그들이 판 지식은 지혜가 아니라 교묘한 궤변이었다는 점이다. 그래서 플라톤은 자신의 스승 소크라테스를 소피스트 명단에서 제외했다. 소크라테스는 돈을 받고 가르치지 않았으며, 그릇된 궤변이 아니라 참된 철학을 가르쳤기 때문이라는 것이다.

강의료를 받았느냐 받지 않았느냐 하는 것이 그렇게 중요할까? 나는 돈을 받지 않고 철학을 가르쳤다는 것이 소크라테스의 큰 미덕이라는 사실을 부인하고 싶지는 않다. 하지만 그렇다고 소피스트들이 강의료를 받았다는 것이 비도덕적이라고 생각하지도 않는다. 노동의 대가는 정당한 것이 아닌가?

소피스트가 가르친 것은 '거짓 궤변'이고, 소크라테스가 가르친 것은 '참된 철학'인가? 플라톤이 주장하고 싶은 것은 바로 이 점일 것이다. 나는 소피스트에게 이러한 모자를 씌우는 것에 선뜻 동의할 수 없다. 소크라테스 대화법과 소피스트 변론술에 차이가 있다고 보지 않기 때문이다. 변론술은 자신의 주장을 효과적으로 설득하고 상대방의 주장을 보기 좋게 격파하는 기술이다. 그러면 소크라테스의 대화법은? 내가 보기에는 소크라테스 대화법은 더도 덜도 아닌 정확한 변론술이다. 소크라테스의 대화법을 아무리 그럴듯한 이름으로 부른다고 하더라도 소크라테스 대화법은 상대방의 주장에서 허점을 찾고, 그 점을 공략해서 나의 주장을 관철하는 변론술이다.

소피스트가 대화를 나누면 사람들을 현혹하는 궤변이고, 소크라테스가 대화를 나누면 사람들의 어리석음을 깨우치는 역설이다? 남이 하면 눈 찌푸려지는 스캔들이지만, 내가 하면 아름다운 로맨스라는 논리와 무엇이 다른가? 이건 공정한 게임이 아니다.

소크라테스는 소피스트였다. 나는 소피스트들을 풍자한 작품으로 유명한 아리스토파네스의 희극 〈구름〉에서 소크라테스가 소피스트 중의 한 명으로 묘사된 것이 소크라테스에 대한 모욕이라고 생각하지 않는다. 소크라테스 철학은 소피스트 철학의 특징을 그대로 보여 준다. 소크라테스는 다른 소피스트들과 마찬가지로 자연의 비밀을 밝히는 데 관심을 두지 않았다. 그의 관심의 한복판에는 인간이 있었다.

그래서 소크라테스는 밤하늘의 별을 보면서 철학을 하지 않고, 아테네의 거리를 걸으면서 사람들을 붙잡고 철학을 했다. 철학을 조용한 사색의 장에서 토론과 대화의 장으로 옮겼다. 소크라테스는 거리의 철학자였다. 그런데 그런 식으로 철학을 한 원조를 굳이 따지자면 프로타고라스를 들 수 있다. 그도 소크라테스처럼 사람을 붙잡고 대화와 토론을 했다. 앞뒤 선후 관계를 따져 보면 프로타고라스가 먼저고, 소크라테스가 나중이다. 아리스토텔레스는 프로타고라스가 중시한 대화와 토론 방법을 '소크라테스 이전의 대화법'이라고 불렀다. 소크라테스의 수제자인 플라톤에게 철학을 배운 아리스토텔레스의 입장에서는 프로타고라스가 아닌 소크라테스를 대화법의 진정한 창시자로 보고 싶었을 것이다.

프로타고라스는 몇 권의 책을 직접 썼다고 하는데, 유감스럽게도 그 책은 오늘날 남아 있지 않다. 다만 플라톤의 《대화》 등에서 그 책의 제목과 몇 개의 단편적인 문장이 인용될 뿐이다. 그는 아테네에서 태어나지는 않았지만, 아테네에서 40년 가까이 살았다. 아테네가 제2의 고향인 셈이다. 그는 아테네 민주주의의 꽃을 피운 정치가 페리클레스의 친구로 《플루타르코스 영웅전》에 묘사되어 있다. 프로타고라스는 아테네 법을 손질한 인물로 지목되기도 하지만, 자세한 사정은 알려져 있지 않다.

뭐니 뭐니 해도 프로타고라스가 유명해진 것은 "인간은 만물의 척도"라고 한 그의 주장 때문이다. 이 말은 상대주의를 논할 때 빠지지 않고 등장한다. 고대 그리스 철학에서 대부분 통용되는 이야기지만, 이 말도 역시 전후 맥락 없이 발언 내용만 전해지고 있다.

그리스 철학을 전공하지 않은 필자가 용감하게 해석한다면, 프로타고라스의 이 발언은 노모스의 상대성을 지적한 것이다. 인간이 만든 노모스는 항상 구체적이고 특수하다. 그리고 무엇보다 난감한 사실은 각각의 노모스가 다르다는 점이다. 하늘의 별을 바라보며 우주의 본질을 캐묻는 것을 사명으로 삼았던 자연철학자들은 고민하지 않아도 될 난제였다. 탈레스의 자연철학 시대에서 소피스트의 인간 철학 시대로 관심이 차츰 옮겨지는 중간 시기에 자리한 헤라클레이토스가 말한 것처럼, 고대 그리스인들에게 법은 항상 신의 법이었다. 법은 곧 자연의 질서였다. 자연의 질서로서의 피시스에서 그 근원이 되는 아르케는 항상 보편적이다.

노모스를 규명하는 것을 철학의 과제로 삼았던 소피스트들은 노모스의 원리가 피시스의 원리와 충돌한다고 생각했다. 플라톤의 《대화》에 등장하는 소피스트 안티폰은 "노모스에 의해 정의로운 것들이 피시스와는 전쟁 상태에 있다"고 지적한다. 무슨 말인가?

논지를 분명하기 위해 노모스를 인간이 만든 법이라고 상정하자. 여기서 법이란 느슨한 의미에서 관습까지 포함한다. 그것은 항상 구체적이고 특수하다. 그리고 역사적이다. 아테네에는 아테네 법이 있고, 스파르타에는 스파르타 법이 있기 마련이다. 이집트에는 이집트 법이 있고, 또 페르시아에는 페르시아 법이 있다. 그런데 인간이 만든 구체적이고 특수한 법이 과연 절대 효력을 가질 수 있을까? 인간이 법을 만든다는 생각조차 감히 할 수 없었던 시대에는 법은 신이 만든 것이라는 생각이 지배적이었다. 따라서 그 법은 절대적이다. 아테네에서는 효력이 있고, 스파르타에서는 효력이 없는 것이 아니다. 그런데 인간이 만든 법은 과연 신이 만든 법처럼 효력이 있을까?

안티폰이 제기한 문제는 오늘날 실정법과 자연법의 논쟁을 선취한 것이다. 물론 실정법과 자연법이라는 법철학 용어는 근대에 접어들면서 등장한 개념이다. 실정법이란 경험을 통한 구체적인 사실에 기초해서 인간이 제도나 관습으로 만든 법을 말한다. 소피스트들이 말하는 노모스와 그 맥을 같이한다. 자연법은 인간이 만든 법이 아니라 자연 또는 인간의 본성에서 도출되는 법으로, 영원하고 보편적이라고 상정된다. 자연법은 소피스트들이 말하는 피시스와 일맥상통한다. 안티폰이 제기한 물음은 구체적이고 상대적인 노모스가 추상적이고 보편적인 피시스와 충돌한다는 점을 지적한 것이다.

이번에는 노모스를 인간이 살아가는 양식으로서의 문화라고 상정하자. 인간이 사는 사회는 저마다 다른 문화를 가지고 있다. 그런데 다양한 배경 속에서 구체성을 띤 노모스가 모든 문화에 다 통용되는 보편성을 갖는다는 것이 과연 가능할까? 마치 자연법칙이 모든 자연에 적용되듯이 노모스를 모든 사회, 모든 문화에 적용할 수 있을까? 이렇게 노모스가 가진 특수성의 코드를 풀어 보면, 노모스와 피시스의 대결은 오늘날에도 '뜨거운 감자'로 남아 있는 문화의 상대성과 문화의 보편성을 둘러싼 논쟁이 된다.

소피스트 철학자들은 노모스와 피시스라는 개념으로 보편주의와 상대주의의 충돌을 정립한 이들이다. 인간은 자연 세계인 피시스의 원리에 따라 살아야 하는 자연의 한 부분이면서, 동시에 인간이 만든 노모스의 세계에서 살아가는 존재이기도 하다. 소피스트는 노모스의 상대성을 인정했다. 그리고 그 상대성에 놓여 있는 인간의 삶을 지적했다. 나는 이러한 문제를 제기한 소피스트 철학이 가치 없는 궤변이라고 생각하지 않는다. 그들이 제기한 노모스에 대한 문제는 지금도 유효하다.

피시스와 노모스가 충돌할 때 우리는 자연의 법을 따라야 한다고 안티폰은 생각했다. 플라톤의 《대화》에 등장하는 또 다른 소피스트 트라시마쿠스는 법은 강자의 이익을 반영하는 것이라고 주장했다. 피시스와 노모스를 둘러싼 논쟁은 백가쟁명, 아주 어지럽게 전개되었다. 그러나 그 충돌은 결국 보편주의와 상대주의의 전쟁이다. 필자는 여기서 여러분에게 묻는다. 당신은 어느 편을 지지하는가? 그리고 그 이유는 무엇인가?

이 문제를 처음 제기했던 아테네 현인들의 답안지는 선명하게 둘로 나뉜다. 하나는 프로타고라스의 답안지고, 다른 하나는 소크라테스의 답안지다. 먼저 프로타고라스의 답을 들어 보자. 그가 직접 작성한 답안지가 아니라 그 반대편

프로타고라스는 인간이 만든 세계인 노모스의 세계에서 상대성은 피할 수 없다고 생각했다. 그러나 소크라테스는 노모스의 세계에서도 보편성을 세울 수 있다고 믿었다. 보편주의와 상대주의는 이렇게 기원전 5세기부터 충돌한다. 사진은 파르테논 신전의 기둥들.

에 선 소크라테스의 답안을 소중한 가르침으로 받들었던 플라톤의 단편적인 기록을 통한 것이기 때문에, 우리는 프로타고라스의 답안지를 재구성하는 데 약간의 상상력을 보태야 한다.

나는 프로타고라스가 철학이 다루어야 할 의제에서 피시스를 제외했다고 해석한다. 그 단서를 그가 신의 존재 문제에 관한 '불가지론자'였다는 점에서 찾는다. 불가지론은 신이 있는지 없는지 알 수 없다는 입장이다. 프로타고라스는 서양 역사에서 항상 뜨거운 논란의 대상인 신의 존재 유무에 대해 '알 수 없다'는 입장을 보인 불가지론의 선구다. 그는 아마도 피시스를 규명하는 것이 신의 문제를 규명하는 것과 마찬가지로, 철학자가 할 수 있는 능력의 범위를 벗어난 것이라고 보았을지도 모른다. 그래서 프로타고라스는 우주가 어떻게 구성되어 있는가 하는 논의에는 관심을 기울이지 않았다. 그는 피시스에 대해 묻는 질문에 침묵했다. 그 대신 노모스를 묻는 질문에 대해서는 명쾌한 답을 내놓았다. 노모스의 세계에서 그 기준은 항상 인간이다. 프로타고라스는 인간이 만든 노모스의 세계에서 상대성은 피할 수 없다고 보았다.

소크라테스의 답안지는 우회적이다. 소크라테스는 노모스와 피시스의 갈등을 피시스의 세계를 제거함으로써 해소하지 않는다. 그 대신 노모스와 피시스의 갈등을 새로운 틀로 짠다. 소크라테스의 대화에 등장하는 주제는 요즈음 말로 표현하면 도덕 철학 또는 윤리학에서 다루는 주제들이다. 소크라테스가 살던 시대의 눈으로 본다면, 인간이 만든 질서와 자연 질서가 서로 충돌할 때 발생하는 문제들이다.

소크라테스는 그 문제들에 대한 답을 직접 제공하지 않는다. 그 대신 그때까지 논의된 바를 계속 캐묻는다. 소크라테스는 참된 앎이 무엇인지, 또 올바른

로마 바티칸 궁에 그려진 벽화 〈아테네 학당〉. 그림 중앙에 있는 플라톤은 《티마이오스》를 옆에 낀 채
손가락으로 하늘을 가리키고, 플라톤의 제자 아리스토텔레스는 《윤리학》을 들고 땅을 바라보고 있다.
모두 54명의 학자가 등장하는 이 그림은 르네상스 시대 화가 라파엘로의 대표작이다.

삶이 무엇인지 직접 설명하지 않는다. 그 대신 문제를 새롭게 재구성한다. 예를 들어 소크라테스의 주장에 따르면, 참된 앎은 아무것도 모른다는 깨달음이다. 올바른 삶이란 자신의 행위를 똑바로 아는 것이다. 이건 끝없는 선문답 아닌가? 답을 얻는 것이 아니라 새로운 질문의 시작이다. 질문을 살짝 바꿔 놓은 것에 불과하다.

소크라테스 철학을 우리에게 전하는 플라톤은 우리가 살고 있는 현상 세계에서 진리는 감추어져 있다는 점을 암시한다. 진리는 현실 세계의 편의에 따라 이렇게도 보여지고 저렇게도 보여지는 것이 아니다. 진리는 그런 상대적인 개념이 아니다. 소크라테스는 대화법을 통해 우리에게 논쟁에서 이기는 법을 가르친 것이 아니라, 진리의 세계로 가는 길을 일깨워 주기 위해 노력했다. 참되게 알고, 참되게 사는 법을 아이러니를 통해서 깨우치고자 한 것이다. 그 점에서 소크라테스는 상대주의를 인정하고 처세술만 가르친 소피스트와 구분된다고 주장한다. 플라톤이 대필 작성한 소크라테스의 답안지는 보편주의를 옹호한 것이다.

6 ·····

소크라테스가 독배를 마시고 죽었을 때 플라톤은 31세의 젊은 청년이었다. 그는 스승 소크라테스의 죽음을 직접 지켜보고 큰 충격에 빠졌다. 플라톤이 소크라테스를 주인공으로 등장시킨 《대화》를 쓴 것은 소크라테스의 철학을 제대로 알리기 위해서였다고 한다. 말하자면 플라톤은 스승의 손 노릇을 한 소크라테스 철학의 대필자였던 셈이다. 그러나 플라톤이 나이 들어서 집필한 후기 《대화》에서는 단지 스승의 철학을 전하는 데 그치지 않고, 자신의 철학을 소크라테스의 입을 빌려서 이야기한 흔적이 짙게 묻어난다. 《대화》에서 큰 분량을 차지하는 '국가론'이 특히 그렇다. 그래서 후기 《대화》는 플라톤이 소크라테스 철학의 손 노릇을 한 것이 아니라, 소크라테스가 플라톤 철학의 입 노릇을 했다는 평가를 받는다.

플라톤 철학 후기에 접어들면 그의 보편주의 옹호는 우회적이지 않고 직접적이다. 구체적이고 특수한 세계는 추상적이고 보편적인 세계의 그림자다. 이 무렵에는 구체적인 노모스의 세계와 추상적인 피시스의 세계에 대한 구분은 이미 서서히 자취를 감춘다. 그리고 '파토스'적인 현상 세계와 '로고스'적인 '이데아'의 세계에 대한 구분으로 옮겨 간다.

플라톤은 이데아라는 개념을 동굴 속에 갇힌 죄수에 비유해서 설명한다. 《국가》에 길게 인용된 이야기를 좀 압축해서 전하면 이렇다.

죄수들이 감옥 같은 지하 동굴에 갇혀 있다. 그들은 태어나면서부터 나무에 쇠사슬로 묶여 있어서 뒤를 돌아볼 수가 없다. 오직 동굴 뒷벽만 바라볼 수 있을 뿐이다. 동굴 입구는 큰 바위로 막혀 있다. 그 바위 틈새로 빛이 들어와 동굴 밖의 세상이 움직이는 모습이 동굴 벽면에 그림자로 나타난다. 따라서 죄수들은 평생 그 그림자만 보고 산다. 그런데 어느 날, 그 죄수들 중에 한 명이 풀려난다. 풀려난 죄수는 그가 본 것이 실재가 아니고, 실재의 그림자에 불과했다는 사실을 깨닫는다. 그는 다시 돌아와서 다른 묶인 죄수에게 이 사실을 말한다. 그러나 다른 죄수들은 그 말을 믿지 못하고, 오히려 진리를 전한 죄수를 죽이려고 할 것이다.

'동굴의 비유'로 유명한 이 이야기에서 죄수가 갇힌 동굴은 우리가 살고 있는 현실을 상징한다. 플라톤의 말을 빌리면 현상 세계다. 동굴 벽면에서 그들이 본 것은 참진리가 아니다. 물론 실제로 존재하는 것도 아니다. 그들이 묶여 있는 동굴 밖의 세계가 실제로 존재하는 세계다. 동굴 벽의 그림자는 실재의 그림자, 플라톤 용어를 빌리면 이데아의 모사에 불과하다.

쇠사슬에서 풀려나 진실을 본 유일한 죄수는 소크라테스를 가리킨다. 진리를 전하는 죄수의 말을 믿지 못하고 오히려 그를 죽이려고 한 죄수들은 소피스트들과 그들의 거짓 논리에 휘둘린 아테네 시민들을 가리킨다. 플라톤은 이 동굴의 비유를 이상 국가에 대한 자신의 주장을 펼친 《국가》에서 하고 있다.

플라톤은 현실의 세계에서 그가 꿈꾼 이상 국가를 세우지는 못했다. 그러나 사상적으로 그가 세운 철학은 유럽 역사를 지배했다. "서양 철학의 역사는 플라톤 철학의 각주"라는 이야기가 있다. 플라톤이 쓴 《대화》가 서양 철학의 뼈대를 이루고, 그 후대의 철학자들이 여기에 살을 붙인 것이 서양 철학이라는 뜻이다. 20세기의 영국 철학자 화이트헤드가 한 말이다. 필자도 이 말에 동의한다.

이성을 중시하는 서양의 합리주의 전통은 플라톤이 주춧돌을 놓은 것이다. 그는 스승 소크라테스와 힘을 합쳐 당시 아테네를 지배하던 소피스트 철학을 뒤집기 한판으로 역전승했다. 만일 소크라테스와 플라톤이 소피스트에 패했다면, 서양의 합리주의는 어떤 모습이 되었을까?

플라톤은 이상 국가를 세우지는 못했지만, 서양 최초의 교육기관인 아카데미를 세웠다. 플라톤은 아카데미에서 배출된 그의 제자 아리스토텔레스와 힘을 합쳐 철학을 하나의 학문 체계로 만들었다. 서양 철학의 방향을 로고스 중심의 보편주의로 물꼬를 튼 것이 소크라테스-플라톤 사제가 힘을 보태 이루어 낸 성과라면, 서양 철학의 틀을 체계화한 것은 플라톤-아리스토텔레스의 합작이다. 데카르트가 등장하기까지 2000년 동안 그 철학 체계의 권위에 아무도 도전하지 못했다. 심지어는 기독교 철학도 플라톤과 아리스토텔레스의 신세를 졌다.

이제 서양 역사에서 가장 매력적인 시대였던 기원전 5세기의 아테네를 떠나야 할 때다. 우리는 '너 자신을 알라'는 경구의 의미를 다시 물어보자. 도대체 이 수수께끼 같은 말은 무슨 뜻인가? 모범 답안은 없다. 그 답을 채워 넣는 것은 여러분 각자의 몫이다.

이 탈 리 아 Italy

로텐부르크

퓌센

피렌체

로마

12 유럽이 만들어지다 ∷ 로마로 가는 길

중세는 캄캄한 암흑의 시대인가? 아니면 그지없이 평온했던 낭만의 시대인가?
아니다. 중세를 인간 이성이 잠든 암흑의 시대로 보는 것도, 잔잔한 호수 같은 평온의 시대로
보는 것도 모두 근대의 창작이다. 로마로 가는 길에서 우리는 중세의 공간이 기독교 신학과
플라톤 철학이 찰떡궁합으로 만나서 천 년의 가약을 맺은 것이 아니라, 치열한 사상의
전쟁터였다는 단서를 곳곳에서 포착한다. 중세 천 년은 새로운 시대의 도래와 그것을
파기하려는 힘이 끊임없이 충돌한 시간이다. 우리는 중세의 모습에서 오늘의 얼굴을 발견한다.

1 ·:·:·

로만틱 가도를 달린다. 목가적인 전원과 중세풍의 도시들이 낭만적이다. 길 옆 도로 표지판이 눈길을 끈다. '로만티세 슈트라세Romantische Strasse'라는 독일 어 표기 밑에 '로만틱 가도街道'라는 일본어가 선명하다. 이곳을 찾는 일본 관광 객이 유난히 많다는 증거다. 독일 관광청 책자에는 여행할 능력이 있는 일본인 가운데 93%가 로만틱 가도를 잘 알고 있다는 내용이 나온다. 독일에서도 그 조 사에 깜짝 놀란 모양이다. 요즈음 우리나라에서도 로만틱 가도를 포함하는 유 럽 여행 패키지 프로그램이 부쩍 눈에 띈다. 앞으로는 한글 표기도 병기될까?

독일에는 관광 수요를 겨냥한 도로가 몇 개 있다. '환상의 길'이라고 이름 붙 인 길도 있고, '동화의 길'이라고 이름 지은 길도 있다. 독일의 중추 도시인 프 랑크푸르트와 베를린을 잇는 도로에는 '괴테의 길'이라는 이름이 붙어 있다. 매력적인 이름으로 관광객을 끌어모으는 일종의 '네이밍 마케팅'이다. 그러나 다른 길들이 로만틱 가도만큼 성공을 거둔 것 같지는 않다.

로텐부르크에서 잠시 차를 멈춘다. 로만틱 가도에 있는 도시 중에서도 중세 의 흔적이 가장 많이 남아 있다는 곳이다.

어릴 때 읽었던 이름도 알 수 없는 동화 속 주인공이 이렇게 예쁜 도시에서 살았을까? 거리 풍경이 마치 동화 속에 그려진 삽화 같다. 바로 이거다. 우리가 유럽에서 보고 싶었던 것이 바로 이런 모습이다. 나는 로만틱 가도의 성공 비 결을 우리가 보고 싶은 유럽 이미지를 제대로 보여 주고 있다는 점에서 찾는 다. 현대식 건물은 우리나라에도 많다. 또 일본에도 많다. 따라서 그것은 유럽

1 '로만틱 가도' 이정표. 이 길은 로마로 가는 길이다. 2 시간이 중세에 정지된 듯한 '중세의 보석' 로텐부르크 성 안 풍경. 오늘날 시민을 뜻하는 부르주아지라는 말은 '성 안의 사람들' 이라는 뜻에서 나왔다.

의 대표 이미지가 될 수 없다. 유럽을 상징하는 대표 상품이 될 수 없다. 수직선이 강조된 키 큰 건물과 뾰족한 고딕 성당은 유럽인에게는 단지 중세의 표지에 불과할 것이다. 그러나 동양인에게 그것은 중세의 표지가 아니다. 그것은 중세라는 유럽의 한 시대를 뛰어넘어 유럽 전체를 상징하는 대표 이미지다.

로텐부르크는 공식 이름이 '로텐부르크 오프 데어 타우버'다. 문자 그대로 풀어 보면, 타우버 강 위에 있는 붉은 성이라는 뜻이다. 성을 처음 쌓았다고 전해지는 로텐부르크 백작의 이름이 도시 이름이 되었다는 말도 있다. 로텐부르크에는 도시를 둘러싼 성벽이 지금도 남아 있다. 붉은 벽돌색 지붕도 유난히 많다. '부르크burg'는 성으로 많이 번역되지만, 엄밀하게 말하면 성벽이다. 외부의 침입자를 막기 위해 요새처럼 쌓은 성벽을 말한다. 그 안에 도시가 있다. 이렇게 만들어진 도시를 성벽 도시라고 부른다.

관광 안내서는 로텐부르크를 시간이 중세에서 정지된 '중세의 보석'으로 묘사한다. 아니다. 이곳에서는 시간의 흐름을 읽어야 한다. 게르만은 이렇게 언덕 위에 성벽 도시를 쌓았던 민족이 아니다. 그들은 로마에서 성벽 도시를 배웠다. 우리가 자주 잊어버리는 사실이지만, 위대한 로마 제국은 언덕 위에 있는 보잘것없는 성벽 도시 로마에서 시작했다. 중세 성벽 도시에서 시계의 바늘을 거꾸로 돌리면, 우리는 고대 로마와 만난다. 그 길목에서 로마에서는 '게르만의 침략'이라고 부르고, 게르만에서는 '대이동'이라고 부르는 고대와 중세를 잇는 역사의 다리를 지나야 한다. 그 이야기는 시간이 정지된 동화 속의 풍경처럼 결코 아름답지 않다. 야만적이고 거칠다.

중세 성벽 도시의 흔적을 공간을 따라 추적하면 알프스 산맥을 넘어 이탈리아로 이어진다. 그 길의 최종 도착지는 로마다. 사실 로만틱 가도는 그 원조가 로마다. 독일 관광청 책자에서도 이 점을 살짝 언급했듯이, 로만틱 가도의 남쪽 절반은 '비아 클라우디아 아우구스티아'와 겹친다. 길을 닦은 로마의 장군 이름 클라우디우스와 그 도로를 건설하라고 명령한 로마 황제 아우구스투스의 이름을 따온 것이다. '비아Via'는 길을 뜻하는 라틴어다. 이 같은 사실은 북부 이탈리아에서 이 길의 연혁을 자세하게 기록한 이정표가 발견되면서 확인되었다. '낭만의 길' 로만틱 가도는 로마로 가는 '로만 가도Roman road'였던 것이다.

중세 성벽 도시에서 시곗바늘을 과거가 아닌 오늘로 향하면, 우리는 이 성벽 도시 안에서 살던 사람들이 역사의 주역으로 등장한 이야기를 만난다. 우리에게 낯익은 용어인 시민은 역사 공간에서는 바로 이 성벽 안에 사는 사람들을 가리킨다. 이 점은 독일어 '부르크Burg'를 같은 뜻인 프랑스어 '부르Bour'로 바꾸어 보면 더 분명해진다. 우리가 시민 또는 시민 계급이라고 번역하는 '부르주아지'는 성부르 안에 사는 사람들을 말한다. 유럽에서 근대의 역사는 성 안에 있는 부르주아지들이 그들의 힘을 확장해 나가는 역사다.

나는 중세가 도대체 무엇인가를 묻는다. 중세가 낭만의 이미지로 탈바꿈해 마치 앤티크 가구처럼 명품 마케팅의 대상이 되고 있다는 점이 놀랍다. 오랫동안 중세는 낭만과 명품이 아니라 암흑과 거침의 상징이었다. '암흑의 시대'는 중세를 가리키는 또 하나의 이름이 아니었던가? 그렇다면 어느 쪽이 맞는가? 중세는 낭만인가, 암흑인가?

2 ⋯⋯

중세는 근대의 발명품이다. 근대가 없으면 중세는 성립할 수 없다. 역사의 기술은 우리와 가장 먼 과거에서 시작하지만, 역사를 바라보는 우리의 눈은 항상 현재를 기준으로 할 수밖에 없다. '역사는 항상 현재의 역사'라는 이탈리아의 역사가 크로체의 지적을 떠올린다. 나는 이 말을 역사의 기준점이 현재에 있다는 뜻으로 해석한다. 역사를 하나의 선으로 그어서 생각하면, 중세는 시간의 순서에서 가장 먼 과거인 고대와 가장 가까운 근대의 중간 지대에 위치한다. 그런데 기준점인 현재는 계속 이동한다. 기준점이 이동하면, 가운데 토막에 해당하는 중세도 이동할 수밖에 없다.

유럽사에서 중세는 로마가 무너진 5세기에서 르네상스가 시작되는 15세기까지 약 1000년의 시간이다. 학자에 따라서는 그 시작과 끝을 잡는 데 이견이 있지만, 이 틀에서 크게 벗어나지는 않는다.

우리가 중세의 어느 한 지점에 서 있다고 하자. 예를 들어 우리가 13세기 로텐부르크에 사는 성 안의 한 사람이라고 가정하자. 당연하게 그때를 중세라고 생각하지는 않을 것이다. 21세기에 사는 사람에게 13세기는 중세다. 그러나 13세기를 사는 사람에게는 그때가 중세여야 할 아무런 이유가 없다. 그렇다면 13세기 사람에게 중세는 어디부터 어디까지일까? 역사적 상상력을 맘껏 발휘해 보기 바란다.

잠깐! 위 질문은 잘못되었다. 유감스럽게도 13세기 중세인은 역사를 세 토막으로 나누지 않았다. 중세인은 역사를 여섯 토막 냈다. 아담과 이브의 탄생

446

에서 역사의 첫 시기가 시작된다. 물론 성경에 기초한 시대 구분이다. 그들은 예수가 세상에 등장한 이후, 역사의 여섯 번째 시기에 살고 있다고 믿었다. 중세인의 역사 인식에서는 고대와 중세, 그리고 근대라는 개념 자체가 성립하지 않는다. 이것은 무엇을 말하는가? 그렇다. 중세라는 말 자체가 근대의 소산물이다.

그러면 중세는 없다는 말인가? 그건 아닐 것이다. 우리가 중세라고 부르는 특정 시기가 역사를 셋으로 토막 낸 것 중에 가운데 토막에 해당하든, 아니면 역사를 여섯 토막으로 자른 것의 마지막 토막이든, 그것은 결국 역사 해석의 문제다. 중요한 것은 우리가 중세라고 부르는 시기를 정확하게 아는 것이다. 그것을 낭만 코드로 읽든 암흑 코드로 해석하든, 그것은 중세의 실제 모습과는 별개다. 내 눈에 맞추어 역사를 재단하지 말고, "역사적 사실이 스스로 말을 하게 하자." 여기서 따옴표로 묶은 대목은 필자의 주장이 아니다. 독일 역사학자 랑케가 한 말이다. 크로체가 오늘의 눈을 크게 강조한 역사가라면, 랑케는 과거의 사실을 중시한 역사가라고 할 수 있다.

해석과 사실의 문제는 여기서 크로체와 랑케의 입을 빌려 충돌한다. 한편에서는 오늘의 눈으로 중세를 해석하라고 강조하고, 다른 한편에서는 어제의 사실에 귀를 기울이라고 말한다. 우리는 누구의 손을 들어 주어야 하는가?

영국의 역사가 E. H. 카가 절묘한 수습책을 내놓았다. '역사는 과거와 현재의 대화'라는 것이다. '역사란 무엇인가'라는 강연에서 한 말이다. 그 강연은 같은 이름의 책으로 묶여 나왔다. 이야기가 잠시 빗나가지만, 얼마 전 나는 고등학생을 대상으로 하는 퀴즈 프로그램에서 '역사는 과거와 현재의 대화'라는 카의 명제를, 있는 그대로의 사실로서의 역사가 아니라 역사가의 해석을 중시하는 것이라고 요약하는 것을 보고 당혹스러워 한 적이 있다. 내가 읽은 카의 명제는 현재의 눈을 강조하는 데 있지 않다. 물론 과거의 사실도 아니다. 그의 강조점은 그 둘이 관계를 맺는 방식으로서의 대화에 있다.

어제와 오늘이 끊임없이 대화를 나누기 위해서는 소통의 공간이 확보되어야 한다. 소통이 막혀 있으면 과거의 사실이 오늘의 입맛에 맞게 임의로 재단되거나, 오늘의 관심과는 전혀 상관없는 골동품이 되어 버린다. 전자는 역사를 왜곡하는 길이고, 후자는 역사를 골동품으로 만드는 길이다. 나는 중세를 암흑으로 보는 시각에서 전자의 위험을 읽는다. 중세를 낭만으로 보는 시각에서는 후자의 유혹이 거슬린다.

3 ·····

중세 시대의 철학은 기독교 신학의 교리로 녹아 있다. 철학과 신학의 관계는 중세 최대의 학자로 평가되는 토마스 아퀴나스가 말한 "철학은 신학의 시녀"라는 말에 들어 있다. 여기서 신학의 시녀 노릇을 한 철학은 그리스 철학이다. 콕 짚어서 말하면, 플라톤 철학과 아리스토텔레스 철학이다. 중세 전반기에 플라톤 철학이 기독교가 체계를 잡아 가는 데 봉사했다면, 중세 후반기에는 아리스토텔레스 철학이 기독교 신학의 체계를 완성하는 데 기여했다. 전자를 교부 철학이라 하고, 후자를 스콜라 철학이라고 부른다.

너무 딱딱한가? 나는 철학을 이렇게 도식적으로 나누는 것을 싫어한다. 지금까지 이 책을 읽은 독자라면 느꼈을지 모르겠지만, 나는 철학을 무 자르듯이 한칼에 쳐내서 분류하는 것을 되도록 피해 왔다. 철학자들이 주장한 내용을 미리 분류된 철학 상자의 틀에 맞추어 쏙쏙 집어넣으면 읽기에 편하다는 사실을 몰라서 그런 것은 아니다. 솔직하게 말하면, 그런 식으로 정리하면 필자도 편하다. 그러나 편한 대신 생각을 연결하는 재미를 잃는다. 다른 상자 속에 갇힌 철학과는 소통할 길이 막히기 때문이다. 생각을 서로 연결하면 생각의 힘은 기하급수적으로 커진다. 생각을 연결한다는 것은 A의 눈으로 B를 읽고, 거기에서 새롭게 얻은 생각으로 C를 읽는 것이다. A, B, C 세 가지 생각을 각각의 칸막이에 집어넣으면 그냥 셋이다. 그러나 이 세 가지 생각을 연결하면 모두 스물하나가 된다. 생각이 연결되면 시너지 효과가 점점 커질 뿐만 아니라 생각도 깊어진다. 카가 역사의 요체를 대화라고 한 말은 철학에도 그대로 적용된다.

소크라테스가 가르친 대화법도 바로 그 점을 강조한 것일 게다.

그런데 플라톤 철학이 교부 철학의 철학적 바탕이 되었고, 아리스토텔레스 철학이 스콜라 철학의 토대가 되었다는 도식으로 거두절미한 채 중세 철학을 한칼에 쳐낸 것은, 이것이 철학적 해석이 아니라 역사적 사실이기 때문이다. 무슨 말이냐고? 아리스토텔레스 철학이 중세 후반기에 유럽에 들어왔다는 사실을 말한다. 마치 우리나라에 불교가 수입되듯이 유럽에 아리스토텔레스 철학이 수입되었다는 사실을 말하는 것이다.

아리스토텔레스가 플라톤의 제자고, 그들이 모두 유럽 문명이 시작된 그리스 아테네의 철학자라는 점을 잘 아는 독자들은 아리스토텔레스 철학이 유럽에 수입되었다는 사실이 뜻밖이라고 생각할지도 모르겠다. 그러나 사실이다. 엄연한 역사적 사실이다. 그러면 아리스토텔레스 철학이 어디에서 수입되었는가? 그것은 이슬람 세계다.

세계사 책을 펼치자. 중세 유럽의 역사적 지형이 잘 그려진 지도가 담긴 역사 부도와 함께라면 더 좋다. 로마 제국, 엄밀하게 말하면 로마를 수도로 하는 서로마 제국이 무너진 뒤 지중해 세계의 질서는 새롭게 형성된다. 수백 년간 로마와 자웅을 겨루던 북부 아프리카의 카르타고는 이슬람 제국으로 바뀐다. 이슬람은 에스파냐와 포르투갈이 있는 이베리아 반도까지 손에 넣는다. 지금의 유럽이라고 부르는 지역은 이슬람 제국에 의해 포위되었다. 이 시기는 유럽에서는 암흑 시대라고 불리지만, 이슬람에서는 황금시대라고 부른다. 물리적인 힘에서도 이슬람이 유럽보다 컸지만, 문화의 힘에서도 이슬람이 유럽을 압도하는 시기다. 역사가는 이때를 '이슬람의 황금시대(750~1258년)'라고도 부른다.

이 시기에 이슬람 세계에서는 아리스토텔레스에 대한 연구가 활발했다. 그의 책 가운데 상당수가 시리아어와 아랍어로 번역되었다. 반면에 유럽에서는 아리스토텔레스의 흔적이 거의 사라졌다. 만일 이슬람 학자들이 없었다면 아리스토텔레스 철학은 인류 문화유산에서 영원히 사라졌을 것이다. 아니, 역사의 물길이 다른 방향으로 갔을지도 모른다. 아리스토텔레스는 약 200권 정도의 책을 쓴 것으로 추정된다. 그러나 그 중에서 지금까지 전해지는 것은 약 5분의 1 정도다. 그 대부분이 이슬람에서 되건너온 것이다.

중세 시대에 아리스토텔레스는 유럽의 철학자가 아니었다. 그들의 적수인 이슬람 세계의 철학자였다. 그래서 중세 유럽 학자들은 그의 책을 숨죽여 가며 보았다. 마치 냉전 시대에 공산주의 블록의 이론적 토대가 되었던 마르크스 철학이 서방 진영에서 위험한 사상으로 분류되었던 것과 비슷하다고 해야 할까?

이탈리아의 기호학자이며 중세 철학 연구의 권위자 움베르코 에코가 쓴 철학 소설 《장미의 이름》은 그러한 점을 잘 보여 준다. 이 소설은 아리스토텔레스의 실전失傳된 저술 《희극》이 북부 이탈리아에 있는 한 중세 수도원에 보관되어 있다는 역사적 허구에서 출발한다. 이 수도원에서 잇따라 살인 사건이 발생한다. 연쇄 살인 사건의 비밀은 아리스토텔레스가 쓴 《희극》을 읽지 못하게 하기 위해 책에 독약을 발랐기 때문으로 밝혀진다. 범인은 수도원 장서를 담당하는 수사였다.

소설의 인기에 힘입어 영화로도 만들어진 《장미의 이름》은 경건한 수도원에 어울리지 않는 '웃음의 미학'을 논한 《희극》 내용에 초점이 맞추어진다. 그러나 이 책을 웃음조차 허용하지 못하는 폐쇄적인 중세 수도원을 고발한 것이라고 읽으면, 에코가 쳐 놓은 여러 겹의 덫에서 미처 다 빠져나가지 못한 것이다.

아리스토텔레스는 보통 고대 그리스 철학을 집대성한 유럽 철학자로 통용되지만, 중세 시대에는 아랍 철학의 토대를 놓은 아랍 철학자로 자리매김되었다. 두 그림은 중세 시대에 그려진 두 이미지의 아리스토텔레스. 왼쪽은 아랍에서 발견된 검은 피부를 가진 아리스토텔레스 그림이고, 오른쪽은 유럽에서 발견된 흰 피부와 금발 머리를 가진 아리스토텔레스 그림이다.

웃음이 위험한 것일까? 웃음의 미학을 논한 책이 위험한 것일까? 한 가지를 더 보태야 한다. 아리스토텔레스가 위험한 것이다.

정말 우스운 일이다. 나는 이 책에서 아리스토텔레스를 세 번째 소개하는데, 같은 사람 같은 철학을 번번이 다른 얼굴로 소개했다. 첫 번째는 데카르트의 적으로 등장했다. 그때의 아리스토텔레스는 새로운 사고를 가로막는 구질서의 최고 권위였다. 두 번째는 플라톤의 제자로 나왔다. 그때의 아리스토텔레스는 스승과 함께 아테네 철학을 세우는 총명한 제자였다. 그리고 이번에 그는 위험한 철학자로 등장한다.

그런데 아리스토텔레스 철학이 왜 위험한가? 적성 국가에서 수입된 철학이기 때문인가? 아마도 그런 요인이 클 것이다. 그러나 그것만으로는 설명이 충분하지 않다. 그가 위험한 이유는 아리스토텔레스의 등장으로 플라톤 철학이라는 당의정을 입힌 기독교 철학이 근본적인 위기에 놓이기 때문이다. 말하자면 아리스토텔레스는 체제를 뒤흔드는 반체제 사상가로 중세 유럽에 등장한 것이다. 그 점을 더 분명하게 보기 위해서는, 먼저 아리스토텔레스가 등장하기 전에 기독교 철학이 플라톤 철학과 어떻게 행복하게 결합해 있는지를 살펴보아야 할 것이다.

4 ·····

시간은 4세기로 거슬러 올라간다. 장소는 북부 아프리카다. 지금은 알제리로 불리는 곳, 그때는 카르타고라는 이름으로 불렸던 로마의 식민지다. 만나는 사람은 아우구스티누스. 고대의 마지막 철학자이며, 중세 첫 철학자로 꼽히는 인물이다.

아우구스티누스의 생애는 그가 쓴 《고백록》을 통해 잘 알려져 있다. 《고백록》은 문학과 철학, 그리고 신학에서 모두 거론되는 고전이다. 이 책은 서양에서 나타나는 자서전 문학의 효시로, 어린 시절의 부끄러운 기억과 젊은 날의 방황에 대한 고백을 담고 있다. 고백 또는 참회라고는 하지만, 그가 무슨 큰 죄를 저지른 것은 아니다. 어린 시절 누구나 한번쯤은 해봤음 직한 과일 서리, 청년 시절 결혼하지 않은 채 동거한 이야기, 사상적 방황 등이 그가 저지른 '죄'다.

나는 이 책에서 글솜씨가 뛰어나고 지적 호기심이 왕성한 로마 시대 한 식민지 청년의 모습을 본다. 그는 언어의 마술사다. 어린 시절 누구나 한번쯤 해봤음 직한 과일 서리를 두고, "과일이 탐이 나서가 아니라 사랑하는 친구와 과일 훔치는 행위를 사랑했기 때문에 한 것이다"라고 표현한 대목에서는 심리 묘사가 뛰어난 한 편의 소설을 읽는다. 《고백록》이 오랜 시간 사람들의 사랑을 받는 이유다.

"도대체 시간이란 무엇인가? 아무도 나에게 그 질문을 하지 않을 때 나는 알고 있다. 그러나 누군가가 그것을 나에게 묻고, 내가 그것을 설명하

히포의 아우구스티누스는 원시 기독교를 신 플라톤 철학과 결합시켜
기독교 신학의 기초를 세운 인물이다. 아우구스티누스가 개척한 신학을
보통 교부 철학이라고 부른다. 사진은 그가 쓴 《고백록》의 표지 사진.

려고 하면 나는 알 수 없다."

《고백록》에서 자주 인용되는 시간에 관한 성찰 대목이다. 표현은 문학적이고, 사고는 철학적이다. 그는 시간의 흐름이 살아 있는 생물체에게는 존재하지만, 신에게는 그렇지 않을 것이라고 주장한다. 그는 이 전제 위에서 시간의 흐름은 오직 경험과 관계를 맺고 있으며, 경험과 관계없이 그 자체로 존재하는 것과는 무관하다. 어디에선가 들은 이야기 같지 않은가? 그렇다. 칸트 철학의 시간 개념과 일치한다. 칸트가 두꺼운 《순수 이성 비판》에서 치밀한 논리로 주장한 내용을 아우구스티누스는 간결하게 그 핵심만 전하고 있다.

아우구스티누스는 젊은 시절에 카르타고와 로마에서 변론술을 가르쳤던 적이 있다. 기독교가 아닌 다른 종교에 빠져든 적이 있다. 그는 그러한 사실을 뉘우치고 있지만, 나는 그가 젊은 시절에 익힌 변론술이 문학적 감수성과 철학적 사고를 깊게 만드는 데 도움이 되었을 것이라고 짐작한다.

그는 기독교에 귀의한 뒤 자신의 고향 카르타고로 돌아와 주교가 된다. 히포 Hippo라는 곳이다. 그래서 그는 히포의 아우구스티누스라고 불린다. 이름 앞에 히포를 붙이는 것은 또 한 명의 유명한 아우구스티누스가 있기 때문이다. 영국에서 기독교를 전파하는 데 전진 기지 역할을 했던 캔터베리의 초대 주교 이름이 또한 아우구스티누스다. 그는 캔터베리의 아우구스티누스라고 불린다.

히포의 아우구스티누스에게, 그가 젊은 시절에 종교 편력과 사상적 방황을 한 것이 주교로서 흠결일까? 그에게는 씻어야 할 부끄러운 고백인지 모르겠지만, 나른 종교와 철학의 공격에서 기독교를 방어하는 데는 그의 고백만큼 강력한 무기도 없었을 것이다. 아우구스티누스는 점성술에 빠졌고, 지금은 사라진 고대 페르시아의 종교 마니교에 흔들렸던 자신의 모습을 고백했다. 그러나 이를 뒤집어 보면, 그들로부터 기독교를 지켜내는 데 아우구스티누스만한 적격자도 드물었을 것이다. 점성술은 보기에 따라서는 고대 천문학이다. 마니교는 오싹 소름이 돋는 고대 마법을 숭배하는 종교가 아니다. 금욕과 단식, 그리고 선행을 강조한 종교다. 그들은 공동체 생활을 했으며, 이를 통해 죄를 고백하고 기도를 드리는 것이 특징이었다고 전해진다. 그가 기독교로 개종한 뒤에도 그의 모습에는 이런 마니적 요소가 겹쳐 있다.

종교 철학에서는 기독교를 역사적 종교라고 말한다. 무슨 뜻인가? 기독교가 역사적이라는 말은 불교와 비교하면 그 뜻이 분명해진다. 불교는 석가모니에서 시작했지만, 석가모니의 구체적인 삶을 기반으로 성립하는 종교는 아니다. 물론 석가모니의 생애를 살펴보는 것은 불교를 이해하는 데 큰 도움이 된다. 그러나 불교는 석가모니의 족적을 더듬어 가면서 가르침을 받는 종교가 아니다. 역사적인 석가모니를 몰라도 불교도가 될 수 있다. 그러나 기독교는 아니다. 기독교는 예수를 모르면 기독교도가 될 수 없다. 역사적인 예수를 믿지 않으면 기독교도가 아니다. 예수는 우리 인간에게 많은 가르침을 준다. 그러나 예수의 말이 이치에 맞아서 기독교를 믿는 것이 아니다. 그 반대다. 예수를 믿기 때문에 그 가르침을 받는 것이다. 예수는 하나님의 아들이기 때문에 그의 말을 믿는 것이다. 성경은 예수의 좋은 말씀을 묶은 책이 아니다. 역사적 예수를 기록한 책이다. 반면에 불경은 역사적 석가모니의 기록을 전하는 책이 아니다. 그 깨달음을 기록한 책이다. 그래서 종교 철학자들은 불교는 철학적이고, 기독교는 역사적이라고 말한다.

기독교가 역사적인 종교라는 사실은 철학과 충돌할 수 있다는 점을 항상 내

포한다. 철학은 이치를 따진다. 이치에 맞으면 받아들이고, 이치에 맞지 않으면 내친다. 그것이 철학의 속성이다. 기독교는 예수를 하나님의 아들로 믿는다. 예수는 성령으로 잉태한 하나님의 아들이면서, 또한 피와 살을 가진 인간의 아들이라고 전한다. 그것은 이치에 맞고 맞지 않고를 따지는 문제가 아니다. 엄연한 역사적 사실로 전한다.

이 간극을 메우는 영역이 신학이다. 기독교 신학은 역사적 종교로서의 기독교와 이치에 맞는 앎을 다루는 철학을 화해시키려고 한다. 기독교와 철학을 가장 성공적으로 화해시킨 중세 초기의 인물이 바로 히포의 아우구스티누스다. 그는 《고백록》을 쓰는 솜씨에서 알 수 있듯이, 언어를 잘 다루는 사람이었다. 카르타고에서 주장을 논리적으로 푸는 훈련을 받았고, 그것을 직접 가르쳤던 사람이다. 그 자신감으로 로마 제국의 심장인 로마에서 변론술을 가르쳤던 사람이다. 비유해서 말하면, 그는 지방에서 논술을 가르치다가 그 실력을 인정받아 강남 대치동에 진입한 인기 논술 강사였다.

그는 기독교를 이치에 맞는 이야기로 만든다. 예수를 믿는 초기 기독교 신자들은 왜 예수가 하나님의 아들이면서 동시에 성령으로 태어난 인간이었는지 고민할 필요가 없었을 것이다. 왜 성부와 성자, 그리고 성령이 하나가 되어야 하는가 하는 '삼위일체'에 관한 질문을 할 필요가 없었을 것이다. 그러나 아우구스티누스에게는 그 논리가 필요했을 것이다. 기독교를 공격하는 다른 종교로부터 기독교를 옹호하기 위해서도 그랬지만, 아마 그 자신을 위해서도 꼭 필요했을 것이다.

아우구스티누스는 기독교에 플라톤 철학의 옷을 입혔다. 플라톤은 우리가 진리를 보지 못하는 쇠사슬에 묶인 동굴 속의 죄수와 같다고 했다. 우리 인간이 보는 것은 그림자에 불과하고, 그 그림자를 만드는 진짜 세계는 우리가 묶인 동굴 속 저편에 있다고 했다. 플라톤이 말하는 정말 실재하는 세계, 곧 이데아의 세계는 아우구스티누스에 의해 신의 세계가 되었다.

플라톤은 우리가 사는 세계는 현상 세계라고 했다. 우리는 현상 세계에 있는 것들을 감각을 통해 보고 듣고 만지면서 그것이 진짜라고 생각하지만, 그것은 이데아의 모사에 불과한 가짜라고 했다. 정말 실재하는 것, 곧 이데아는 현상 세계에서는 망각되었다고 했다. 플라톤은 몸과 감각에 묶여 망각된 사실을 다시 기억해 내는 것을 철학의 사명으로 삼았다.

아우구스티누스에 와서 플라톤의 이데아 개념은 신의 개념이 되었다. 신은 완전한 실재였다. 우리가 살고 있는 세계, 곧 플라톤이 말하는 현상 세계는 아우구스티누스에 와서는 불완전한 실재가 되었다. 그러면 인간은? 인간은 그 사이에 위치한 존재였다. 아우구스티누스에게 인간은 영혼을 가진 완전한 실재이면서 동시에 육체를 가진 불완전한 실재였다.

플라톤은 참된 세계로 나아가기 위해서 이성의 지도를 받는 절제와 조화를 강조했다. 플라톤은 그러한 자기 절제를 통해 이데아를 기억해 낼 수 있다고 주장했다. 아우구스티누스에게 있어 참된 세계로 나아간다는 것은 신을 향해 나아가는 것을 가리킨다. 다시 말해, 완전한 실재인 신을 사랑하는 것을 말한다. 플라톤이 말하는 이데아를 기억해 낸다는 것은 아우구스티누스에게는 완전한 실재인 신을 기억해 내는 것이다.

역사적 종교로서의 기독교는 아우구스티누스에 의해 철학이라는 옷을 입었다. 아우구스티누스가 살던 시대는 기독교가 로마 제국에서 허용되고, 또 마침내 로마 제국의 공식 국교가 되는 시기였다. 제국이 공인한 유일무이한 종교로서 기독교가 가진 당면한 과제는 어떻게 기독교를 로마 사람들에게 이치에 맞게 설명할 것인가 하는 문제였다. 아우구스티누스 신학은 이 물음에 대한 하나의 응답이었다. 아우구스티누스 신학은 가장 높은 점수를 받은 답안지였을 것이다. 아우구스티누스가 작성한 모범 답안은 중세 시대에도 가장 큰 신뢰를 받으며 유통되었다. 토마스 아퀴나스가 등장하는 13세기까지 그랬다.

5 ·····

아우구스티누스는 어떻게 플라톤 철학을 접할 수 있었을까? 플라톤 철학보다 뒤에 등장한 아리스토텔레스 철학은 실전되었는데, 어떻게 플라톤 철학은 아우구스티누스 시대까지 전해졌을까?

그 열쇠는 플라톤과 아우구스티누스 시대 사이에 있는 플로티노스가 쥐고 있다. 그는 플라톤 철학을 라틴 세계에 전한 사람이다. 우리는 앞서 아우구스티누스가 플라톤 철학을 기독교와 결합시켰다고 했는데, 이를 더 정확하게 말하면 신 플라톤 철학을 기독교와 결합시켰다고 해야 한다.

플로티노스는 셈족(오늘의 유대인과 아랍인을 통칭) 출신으로 이집트에서 태어나 알렉산드리아에서 공부했으며, 멀리 페르시아 종교와 인도 종교까지 섭렵했다고 알려진 인물이다. 플라톤 철학에 매료된 그는 로마에 정착해서 플라톤 철학을 널리 퍼뜨렸는데, 이것을 신 플라톤 철학이라고 부른다.

역사의 가정이지만, 만일 플로티노스가 플라톤 철학이 아닌 아리스토텔레스 철학을 라틴 세계에 퍼뜨렸다면 어떻게 되었을까? 아리스토텔레스 철학과 결합한 스콜라 신학이 먼저 나타나고, 플라톤 철학과 결합한 교부 철학이 뒤를 이었을까? 어쩌면 오늘의 기독교 철학이 다르게 전개되면서 기독교 문명의 모습도 지금과는 다른 양상으로 전개되었을지도 모를 일이다.

플로티노스의 신 플라톤 철학은 플라톤 철학과 크게 다르지는 않다. 그러나 플라톤 철학에 이미 나타났던 이상적이고 신비적인 측면이 더 강화되었다. 신 플라톤주의 철학 가운데 많이 거론되는 것이 '유출설'인데, 그 뿌리는 플라톤 철학에 있고, 그 영향은 아우구스티누스 신학으로 이어진다.

　유출설이란 '일자One에서 마치 샘에서 물이 흘러넘치듯이 만물이 유출한다'는 주장이다. 또는 태양에서 빛이 퍼져 나가듯이 방사한다고 해서 '조명설'이라는 이름으로 불리기도 한다. 여기서 일자는 플라톤의 이데아처럼 경험적인 것이 아니라 초월적인 것이다. 플로티노스에 따르면 초월적인 일자는 나눌 수도 없고 구분할 수도 없다. 또 존재와 비존재의 모든 범주를 뛰어넘는다. 존재라는 개념은 인간의 지각에서 나오는 것이고, 또 대상의 술어로 설명할 수밖에 없는데, 무한하고 초월적인 일자는 그런 개념을 이미 뛰어넘는 것이기 때문이다. 따라서 일자는 이 세상에 존재하는 그 어떤 것일 수 없다. 존재하는 모든 것의 합도 아니다.

　일자에 대한 플로티노스와 그 제자들의 논의는 더 이어지지만, 이쯤에서 그만두자. 다만 플로티노스가 이야기하는 초월적인 일자가 아우구스티누스 신학의 신에 대한 철학적 개념으로 수용되었다는 점만 지적하면 여기서는 충분할 것이다. 한 가지만 더 지적하자. 아우구스티누스가 세운 기독교 삼위일체론은 플로티노스 철학에도 나온다. 물론 삼위를 가리키는 이름은 다르다.

6 •••••

이븐 루슈드를 아는가? 그의 이름이 영 낯설다는 이도 아베로에스라는 이름
은 귀에 익을 것이다. 단테가 쓴 《신곡》에서 소크라테스 · 플라톤 · 아리스토텔
레스 등과 함께 '림보기독교 세례를 받지 못한 이들이 가는 곳'로 간 학자, 라파엘로가 그린 〈아
테네 학당〉에서 유일하게 터번을 쓴 이슬람 복식으로 등장하는 학자 아베로에
스가 바로 이븐 루슈드다. 아베로에스는 이븐 루슈드를 부르는 라틴어 표기다.
물론 이븐 루슈드는 아랍어 이름이다.

루슈드는 아리스토텔레스 철학을 유럽 세계에 전한 인물이다. 플라톤 철학
이 플로티노스라는 이집트 학자에 의해 라틴어권 유럽에 전해졌듯이, 아리스
토텔레스는 루슈드라는 에스파냐 코르도바에 살던 이슬람 학자의 손에 의해
라틴어 세계에 전해졌다. 루슈드는 아랍어로 기록된 아리스토텔레스를 라틴어
와 히브리어로 각각 번역했다. 번역된 아리스토텔레스의 작품에는 그의 주석
을 달았다.

플로티노스가 없는 아우구스티누스 철학을 생각할 수 없듯이, 루슈드가 없
었다면 아퀴나스를 정점으로 하는 스콜라 철학은 탄생하지 못했을 것이다. 스
콜라 철학자들이 이름 대신 대문자로 '철학자the Philosopher'라고 표기하는 이가
있다. 아리스토텔레스다. 아퀴나스 책에는 '철학자'와 함께 '주석자the
Commentatior'가 등장한다. 바로 루슈드다.

처음 '철학자'가 '주석자'에 의해 유럽에 소개될 때, 그들은 모두 이슬람 세
계에서 건너온 수상한 사람들이었다. 그러나 철학자가 그 혐의를 벗은 뒤에 주

석자는 철학자를 오독한 인물로 인용되었다. 주석자는 위대한 아리스토텔레스 철학을 오염시킨 이교도였을 뿐이다.

나는 이것을 '루슈드 두들겨 패기'라고 부르고 싶다. 체제에 위협이 된다고 여겨지는 인물과 위험하다고 판단되는 사상이 조우할 때 종종 나타나는 양상이다. 위험한 철학이 퍼지는 것을 막기 위해 감추다가, 더 이상 덮을 수 없는 지경이 되면 속죄양을 만들어서 두들겨 패는 짓이다. 그러기 위해서는 집단 광기를 이용한다. 한마디로 마녀 사냥이다.

그래서 나는 플라톤 철학의 전달자 플라티노스를 소개할 때처럼 아리스토텔레스 철학의 전달자 루슈드를 그 전달 사실에만 초점을 맞추어 소개할 수가 없다. 불필요한 오해를 막기 위해 미리 분명하게 밝혀 두자면, 나는 이슬람 철학이 기독교 철학보다 낫다는 주장을 하는 것이 아니며, 그 역도 아니다. 바로 그러한 대결 구도를 고발하는 것이다.

먼저, 간단하게 이븐 루슈드를 소개하자. 그는 단순히 여러 언어를 잘하는 번역가가 아니다. 근대 이전의 학자들이 그렇듯 여러 분야에 뛰어난 재능을 보인 만능인이었다. 또 당대 최고의 이슬람 학자들이 그러하듯 칼리프_{정치와 종교의 권력을 함께 쥔 이슬람 교단의 지배자} 가족의 건강을 책임지는 궁정 의사이기도 했다.

의학 분야에 남긴 루슈드의 업적은 선명하게 남아 있다. 기독교 세력에 의해 코르도바에서 쫓겨난 그의 제자들이 이탈리아 로마 근처에 있는 파도바대학에서 주로 의학부 교수로 자리를 잡았기 때문이다. 그 당시 의학 분야에 관한 한, 기독교 유럽의 의료 수준은 이슬람과는 비교할 수 있는 것이 아니었다. 파도바대학은 유럽에서 가장 높은 의학 수준을 가진 대학으로 명성을 날렸다. 루슈드의 제자들이 스승을 닮았다면, 의학에만 관심이 있지는 않았을 것이다. 이탈리

르네상스 시대의 화가 라파엘로가 그린 〈아테네 학당〉에 등장하는 이븐 루슈드.
터번을 쓰고 있는 사람으로 〈아테네 학당〉에 등장하는 유일한 이슬람 학자다.

아에서 두 번째로 오래된 파도바대학은 과학 분야에서도 최고 수준을 자랑했는데, 이것은 루슈드의 제자들이 뿌린 씨앗이었을 것이다. 마찬가지로 이탈리아 최초의 대학인 볼로냐대학은 한때 갈릴레오 갈릴레이가 몸담은 대학이기도 하다.

20세기 과학사가 조지 사튼에 따르면, 루슈드와 그의 주장을 따르는 아베로이즘은 16세기까지 이어졌다고 한다. 사튼은 과학의 눈을 통해 역사를 바라보는 과학사라는 학문을 개척한 사람이다. 이름은 과학사지만, 과학과 철학이 분리되지 않았던 근대 이전까지 과학의 역사는 곧 철학의 역사다. 사튼은 마녀 사냥을 당한 중세 이슬람의 학자 루슈드를 복원한다. 그리고 역사에서 지워진 아베로이즘 400년을 역사에 다시 포함해야 한다고 주장한다. 그 이유를 루슈드가 주창한 학문이 고대 학문에서 근대 학문으로 넘어가는, 우리가 중세라고 부르는 시기에 '진정한 이행' 과정을 보여 주었기 때문이라고 말한다. 이 말에 귀를 기울여야 한다. 루슈드가 잃어버린 아리스토텔레스를 찾아 주었듯이, 루슈드에게도 제자리를 찾아 주어야 한다.

불행하게도 루슈드는 이슬람 세계에서도 환영받는 인물이 아니었다. 그는 감히 최고 권위를 가진 이슬람 철학자 알 가잘리에게 반기를 들었다. 알 가잘리는 이슬람 정통주의를 대표하는 이슬람 신학자다. 독자의 이해를 위해 좀 무리한 비교를 해본다면, 이슬람 세계에서 알 가잘리가 차지하는 위치는 유럽 세계에서 플라톤쯤 된다. 알 가잘리는 《철학자의 모순》이라는 책에서 아리스토텔레스 철학을 간접적으로 비난했는데, 루슈드는 《모순의 모순》이라는 저술을 통해 알 가잘리의 아리스토텔레스 비판이 과녁을 잘못 겨냥한 모순이라고 반박했다. 아마 이 일은 그가 이단으로 단죄된 한 원인이었을 것이다. 루슈드는 그를 후원했던 칼리프가 죽은 뒤, 이단으로 단죄되어 코르도바 근처에 감금되었다. 풀려난 지 얼마 후, 그는 모로코에서 생을 마감했다.

루슈드는 이성과 종교의 분리를 주장했다. 제정일치를 근간으로 하는 이슬람으로서는 받아들일 수 없는 위험한 주장이었을 것이다. 그가 이슬람에서 이단으로 단죄되는 근본 원인이기도 한 이 주장은 바로 스콜라 철학의 주장을 선취한 것이다.

나는 기독교 유럽이 루슈드에게 큰 빚을 지고 있다고 생각한다. 그리고 그 빚을 갚기는커녕 두들겨 팬 죄가 있다고 생각한다. 유럽 출신의 사튼은 그 빚을 조금이라도 갚는 심정으로 이슬람 학자들을 만나 그 역사의 조각을 맞추었다. 그렇다. 그것이 역사의 왜곡을 막는 첫걸음이다. 루슈드의 주장에 동의하는가, 동의하지 않는가를 따지는 것은 그 다음의 문제다.

유럽의 눈으로 정리한 철학사에서 루슈드는 이름도 없는 적으로 나타난다. 이슬람이 기독교 세계를 혼란에 빠뜨리기 위해 침투시킨 '사상 전사'쯤으로 뿌옇게 나타난다. 오래전 기억이라 가물가물하지만, 나는 그를 '간사한' 아랍 학자로 진술한 글도 보았다. 지금도 루슈드를 그렇게 진술하는 서양 철학사 책들이 많을 것이다. 여러분도 지금 가지고 있는 철학사 책이 있으면 한번 펼쳐 보기 바란다. 아베로에스라는 이름이 나와 있지 않으면 토마스 아퀴나스 편을 열면 된다.

하이라이트에 해당하는 대목은 아퀴나스가 쓴 《이교도에 관하여》라는 책에 얽힌 사연일 것이다. 《신학 대전》과 함께 아퀴나스 철학의 두 기둥을 이루는 이 책은 일반인이 접근하기는 쉽지 않기 때문에 책에 얽힌 뒷이야기만 전하는 것이 보통이다. 그 사연은 대체로 이렇게 구성된다.

어느 날 아퀴나스가 속해 있는 도미니카 수도원장 성 레이몬드가 이단 때문에 걱정이 많다. 그는 어둠의 먹구름을 걷게 하고, 태양이 빛나게 하듯 진리를 밝히기 위해 아퀴나스에게 요청한다. 그래서 당대 기독교의 수호천사이며 모든 것을 다 아는 만물박사 아퀴나스가 등장해서 쓴 책이 바로 《이교도에 관하여》다. 이로써 이단의 해석은 아퀴나스라는 당대 유럽 최고의 명장이 휘두른 신검 앞에 맥없이 무너진다. 적을 제압한 아퀴나스는 드디어 신학 이론 체계를 정리하는 《신학 대전》 작업에 들어간다.

이렇게 《이교도에 관하여》는 기독교 세계에서 넘버원으로 통하는 아퀴나스가 이슬람 세계에서 파견한 간사한 아베로에스를 물리친 책으로 알려져 있다. 적어도 20세기 초반까지는 그렇게 믿었다. 지금도 그렇게 생각하는 이들이 많다. 아니, 그게 대세다. 불행한 일이다. 루슈드 편에서도 그렇지만, 아퀴나스 편에서 보더라도 그것은 영광의 면류관이 아닐 것이다.

루슈드와 아퀴나스는 서로 칼을 들고 싸운 사이가 아니다. 이건 집단 광기가 빚어낸 창작이다. 루슈드는 정통 이슬람주의에 의해 처단된 반체제 인사다. 아퀴나스는 파리대학 신학 교수로 있으면서 남들이 수상쩍게 생각하는 '철학자'와 '주석자'를 적극 받아들여 방대한 신학 체계로 녹여낸 인물이다.

이런 시나리오가 퍼진 이유는 짐작할 만하다. 제대로 한판 붙이기 위해서는 적개심에 불타는 강경파 학자들을 대표 선수로 내보내야 한다. 그러나 어디 적개심만 가지고 고수를 상대하겠는가? 그래서 아리스토텔레스라는 철학 선물을 제대로 주고 제대로 받은 두 고수가 일합을 겨룬 것으로 각색한 것이다.

루슈드는 소통의 길을 연 철학자지만, 닫힌 소통 구조에서 큰 피해를 본 철학자였다. 나는 루슈드를 통해 소통 공간이 막힐 때 나타나는 집단 광기를 읽는다. 루슈드가 아닌 아베로에스는 기독교 유럽을 위협하는 인물의 이름이었고, 아베로에스가 아닌 루슈드는 이슬람을 흔드는 위험한 이름이었다. 그는 어떤 이름으로 기록되기를 원할까? 이븐 루슈드일까, 아니면 아베로에스일까?

7 ·:·:·

이 시점에서 우리는 앞에서 던진 질문 하나를 풀고 가야 할 것 같다. 왜 아리스토텔레스가 위험한 철학자인가 하는 질문이다. 그 답은 짧아질 수도 있고, 또 길어질 수도 있다. 루슈드는 아리스토텔레스 철학의 주석을 달 때, 간단한 약론에서 복잡한 상론까지 셋으로 구분했다고 한다. 이를 한번 본떠 보기로 하자.

먼저 짧은 답변이다. 아리스토텔레스 철학은 절대자로서의 신의 개념을 정립하는 데 플라톤 철학보다 선명하지 않기 때문이다. 그래서 플라톤 철학 위에 기초한 초기 기독교 신학의 선명한 이론 체계가 혼란에 빠질 위험이 있다고 본 것이다.

플라톤은 선명하고, 아리스토텔레스는 흐릿하다? 신학의 기초 이론을 제공하는 데 있어 스승과 제자의 철학은 그런 차이가 있다. 이 점을 분명하게 하기 위해서는 우리가 지난 아테네 여행에서 빼놓고 온 플라톤 철학과 아리스토텔레스 철학의 차이를 좀 들여다보아야 한다.

큰 틀에서 보면 스승과 제자의 철학은 비슷해 보인다. 아리스토텔레스가 주장하는 바를 골자만 간추려 쓰다 보면, 어느 사이에 플라톤 철학이 살짝 말만 바뀌어 나타나는 것처럼 보인다. 그래서 두 철학의 차이를 '미묘한 온도 차'가 난다고 표현하기도 한다. 그 미묘한 온도 차가 큰 차이로 바뀌기 시작하는 곳이 바로 중세 공간이다.

아리스토텔레스를 설명하기 위해서는 또다시 플라톤부터 시작해야 한다.

좀 지겹겠지만 할 수 없다. 그래서 화이트헤드가 "서양 철학의 역사는 플라톤 철학에 대한 주석의 역사"라고 했나 보다. 그 첫 주석자가 아리스토텔레스다. 플라톤은 우리가 보고 듣고 만지면서 살아가는 세계는 현상계라고 했다. 현상계에 있는 사물은 현상계 너머 이데아의 세계에 있는 모사라고 했다. 자, 이 대목에서부터다. 여기서부터는 차이가 나타나기 때문에 읽는 속도를 늦추기 바란다.

그런데 현상계에 있는 복사본과 이데아계에 있는 원본은 어떻게 관계를 맺는가? 플라톤은 이 점에 대해서 별다른 언급을 하지 않았다. 다만 '관여한다'고 했다. 후세 학자들이 플라톤이 쓴 책을 뒤져서 찾아낸 것이 바로 관여한다는 한마디다. 대철학자의 말이라 그대로 받아쓰고는 있지만, 사실 하나 마나 한 소리다. 손가락으로 하늘을 가리키는 모습으로 그려진 〈아테네 학당〉 속의 그림처럼, 플라톤의 철학은 항상 이데아의 세계에 초점이 맞추어져 있다.

아리스토텔레스는 사물 안에 이데아가 있다고 말한다. 아리스토텔레의 눈은 스승처럼 이데아를 향하고 있지 않다. 그의 철학의 주인공은 이데아가 아니라 사물이다. 플라톤 철학이 이데아를 주인공으로 한 이야기라면, 아리스토텔레스 철학은 사물이 주인공이 되어서 들려 주는 이야기다. 이 점을 놓치면 스승과 제자의 철학이 지닌 미묘한 온도 차를 제대로 느끼기 힘들다.

사물에 초점을 맞춘 아리스토텔레스는 플라톤의 이데아론이 못마땅하다. 아리스토텔레스는 플라톤의 이데아가 사물 안에 있지 않다고 스승을 비판한다. 그래서는 사물의 본질을 설명하지 못한다고 말한다. 또한 아리스토텔레스는 플라톤의 이데아가 동적이 아니라 정적이라고 비판한다. 그래서는 운동의 근원을 설명하지 못한다고 말한다. 아리스토텔레스는 이런 말도 했다. "집이라는 이데아에 의해서 생겨난 집은 아직 한 채도 없다."

기어를 저속으로 한 단 더 낮추어야겠다. 제자가 말하는 이데아에 대한 비판은 둘이다. 하나는 이데아가 사물의 본질을 설명하지 못한다는 점이고, 다른 하나는 이데아가 운동의 근원을 밝히지 못한다는 점이다. 전자의 원인은 이데아가 사물 안에 없다는 점에서 찾았고, 후자의 원인은 이데아가 정적이라는 점에서 찾았다.

무슨 말인지 아리송한가. 그렇다면 자구字句에 너무 매달리지 말고, 철학의 흐름 속에 던져 보면 실마리가 잡힐 때가 있다. 여기서 아리스토텔레스는 플라톤의 이데아로는 자연철학자들이 제기한 만물의 근원으로서의 본질을 설명할 수 없다고 지적한다. 기억하는가? 우리는 지난 그리스 여행에서 탈레스를 시조로 하는 자연철학자들은 만물의 본질이 무엇인가를 따졌다고 했다. 자연철학자들이 말하는 본질은 변화 속에서도 변하지 않는 것이다. 따라서 본질을 설명하는 것은 곧 변화의 근원을 밝히는 것을 말한다. 아리스토텔레스 철학에서 운동은 근대 물리학에서 말하는 운동과는 다르다. 아리스토텔레스의 운동은 정지해 있는 것이 아닌 변화를 말한다. 이렇게 볼 때 아리스토텔레스가 "플라톤의 이데아가 본질을 설명하지 못하고, 또 운동의 근원을 설명하지 못한다"고 한 두 개의 비판은 사실은 둘이 아니라 하나다. 이 점에 관한 한 나는 탈레스에서 시작한 자연철학과 소피스트(소크라테스 포함)에서 시작한 인간 철학이 아리스토텔레스에서 변증법적으로 통합되었다는 헤겔의 해석이 딱 들어맞는다고 생각한다.

아리스토텔레스는 플라톤의 이데아 이론을 형상과 질료라는 틀로 새롭게 짰다. 스승이 말하는 이데아는 제자의 철학에서는 형상이 되었다. 그런데 스승의 말씀을 거역하고 현상계에 있는 사물 속으로 형상을 집어넣었으니, 그것을 더 이상 이데아라고 부를 수는 없었다. 원래 스승의 이론에서 이데아는 현상계에서는 자리 잡을 수 없지 않은가? 아리스토텔레스는 사물 속에 있는 형상을 '우시아ousia'라고 불렀다. 이 개념은 중세에 '실체'라는 개념으로 발전한다.

여기서 '우시아'라는 그리스어를 끄집어내는 것은 공연히 멋을 부리기 위해서가 아니다. 스승과 제자의 철학이 바로 이 대목에서 갈라지기 때문이다. 또 우시아 문제를 놓고 중세 최대의 철학 논쟁이라고 하는 '보편 논쟁'이 수백 년 동안 전개되기 때문이다. 이 논쟁은 보편자가 실체인가, 아니면 이름에 불과한가를 따진다.

이 철학 논쟁이 단순히 중세 철학자들의 공허한 말장난으로만 읽히지 않기를 바란다. 철학에서의 논쟁은 기본적으로 개념의 충돌이다. 생각의 틀로서 개념이 완성되어 가는 과정이기도 하다. 물 위에 떠오른 쟁점만 보면 그건 공리공론이다. 그러나 물 밑에서는 물리적인 힘이 동원되는 전쟁보다 더 치열한 개념들의 전쟁이 벌어진다. 그 전쟁에서의 패배는 병가지상사가 아니다. 그것은 역사 무대에서의 퇴장을 의미한다.

그 개념의 전쟁에서 살아남은 승리자는 실체다. 보편이 실체라는 주장은 말할 것도 없지만, 보편이 이름이라는 주장도 결국은 개체가 실체라는 주장에 근거하기 때문이다. 실체는 고대 그리스에서 싹이 터 중세에 체계를 갖추고 근대에 위력을 발휘했다. 근대 과학은 실체를 찾아 떠나는 것을 그 임무로 삼았다. 실체라는 개념이 형성되지 않았다면, 근대 과학은 태어날 수 없었을 것이다

우리가 플라톤과 아리스토텔레스 철학을 중세 공간에서 복기하는 것은 실체라는 개념이 아리스토텔레스 철학에 크게 의존하고 있기 때문이다. 콕 짚어서

말하면, 중세 철학자들이 말하는 실체를 뜻하는 라틴어 'subtantia'는 아리스토텔레스의 우시아에서 왔기 때문이다.

이렇게 말의 기원을 자꾸 거슬러 올라가는 이유는 바로 이 문제가 우리가 살아가는 현재의 문제와 관련되어 있기 때문이다. 이번 중세 철학 여행에서 유난히 옆길로 새는 일이 잦았는데, 이 점은 우리가 철학을 하는 근본 이유이기도 하고, 또 우리가 이 책에서 철학 여행의 큰 주제로 삼고 있는 근대와 탈근대의 철학과 곧바로 이어지는 문제기 때문에 또 한번 옆길로 들어서야 할 것 같다.

단순명료하게 말하겠다. 서양 철학은 '존재의 문제'를 실체의 문제로 잘못 풀었다. 그 오류는 플라톤과 아리스토텔레스에서 시작되었고, 중세에 굳어졌다. 그리고 근대에 들어서 증폭되었다. 그래서 우리는 지금 중세 공간에서 실체 개념의 원조인 아리스토텔레스의 우시아 개념을 역으로 추적하고 있다.

이렇게 서너 줄로 정리하고 보니 마치 하이데거와 데리다의 접근과 비슷하다. 그들은 서양 형이상학의 오류를 플라톤에서 찾은 철학자들이다. 그 잘못을 우시아에서 찾아 나서는 것도 지금 우리가 하는 일과 비슷하다. 아리스토텔레스 철학을 중세 공간에서 살펴보는 것이 왜 오늘의 철학과 연결되어 있는가 하는 반증이 되는 셈이다. 하버마스의 분류법에 따르면, 하이데거와 데리다는 니체 철학에 형이상학적인 길로 접근한 탈근대를 지지하는 철학자들이다. 나도 하버마스의 분류법에 대체로 동의한다. 지금 우리는 서둘러 아리스토텔레스를 향해 길을 떠나지만, 기회가 닿으면 그들과의 대화는 '왜 아리스토텔레스가 위험한 철학자인가' 하는 또 하나의 상론이 될 것이다.

우시아는 '있다'는 그리스 말이다. 정확하게는 있다는 뜻의 여성형 명사다. 우리말로 옮긴다면 '존재'라는 말이 그 원뜻에 가장 가까울 것이다. 지금은 철학 용어가 되었지만, 옛날 그리스에서는 일상생활에서 쓰는 말이었다고 한다. 그러니까 우시아는 있는 것을 말한다. 그러니 어렵게 생각하지 말자. 아니, 가장 쉬운 말이다. 그리고 가장 쉬운 개념이다. 사람이 가장 먼저 알게 되는 것도 바로 이것이다. 엄마가 있으면 웃고, 엄마가 없으면 운다. 아기는 철학을 알지 못해도 엄마가 있는 것과 없는 것을 안다.

아리스토텔레스는 스승의 말씀을 거역하고 이데아를 사물로 집어넣었다고 했다. 하나의 사물은 형상과 질료가 합해진 것이라고 했다. 형상과 질료로 이루어진 개체를 우시아라고 불렀다고 했다. 이제 스승과 제자의 차이가 분명하게 드러난다. 스승은 말한다. 현상계에 있는 것들은 '정말 있는 것^{우시아}'이 아니라고. 제자는 반박한다. 개체에서 '정말 있는 것'이 찾아진다고. 이렇게 우시아는 제자의 철학으로 넘어오면서 우리가 사는 현상계 너머 이데아의 세계에 있는 것이 아니라, 우리가 살고 있는 개개의 사물에 들어가 있는 것이 된다. 우리의 눈으로 보고 손으로 만질 수 있는 지각과 경험의 대상이다.

이건 미묘한 온도 차가 아니다. 이제 스승과 제자의 철학은 하늘과 땅의 차이만큼 벌어진다. 현대 철학의 눈으로 보면 스승은 '사물의 관념이 있다'는 관념론자고, 제자는 '사물이 있다'는 유물론자다. 스승은 이성을 중시하는 주지주의자이며, 제자는 경험을 중시하는 경험주의자다. 또 있다. 스승은 개체를 뛰어넘는 보편자가 존재한다는 입장이고, 제자는 정말 존재하는 것은 개체뿐이며 보편이란 그 이름에 불과하다는 입장이다.

그렇다면 아리스토텔레스는 위험한 철학자다. 그는 스승과는 달리 신의 존재를 부정하는 길목 바로 앞 단계까지 와 있다. 신은 하나의 관념이며, 인간이 만든 하나의 이름에 불과하다는 주장으로 연결되는 것은 순식간이다. 그는 중세의 눈으로 보면 위험하기 짝이 없는 철학자였다.

그러나 결정적인 순간에 아리스토텔레스는 다시 스승의 철학으로 되돌아간다. 그 방식이 참 묘하다. 사물이 이제 보고 듣고 만질 수 있는 경험의 대상이 되었다. 이것은 개체를 '술어'로 표현할 수 있다는 것을 말한다. 예를 들어 소크라테스라는 사람은 얼굴이 울퉁불퉁하고, 눈이 튀어나왔으며, 사자처럼 뭉툭한 코를 가졌다는 '속성'을 지니고 있다. 아리스토텔레스는 이러한 속성을 열 가지 '범주'로 분류했다. 실체, 분량, 성질, 관계, 장소, 시간, 상태, 소유, 능동, 수동 등이 그것이다.

그런데 놀랍게도 우시아가 아리스토텔레스의 열 가지 범주 중 하나로 다시 등장한다. 존재를 존재하게 만드는 알맹이가 사물 안에 들어간 셈이다. 존재의 문제가 사물의 속성으로 환원된 것이다. 그것을 부르는 이름이 또 우시아다. 아리스토텔레스는 말한다. "우시아를 제외한 나머지 범주는 형상과 질료가 결합되어 있으나, 우시아는 질료가 없는 형상이라고."

아리스토텔레스의 설명을 좀 쉽게 이야기하면 이렇다. 소크라테스는 뭉툭한 코를 성형 수술 받는다고 하더라도 여전히 소크라테스다. 그는 플라톤의 스승이라는 관계를 맺지 않아도 여전히 소크라테스다. 아테네가 아닌 스파르타라는 곳에서 살았다고 하더라도 여전히 소크라테스다. 다시 말해, 실체를 제외한 범주들은 소크라테스의 본질이 아니다. 그것들은 우연적인 것이다. 그에 비해 소크라테스가 존재한다는 것, 이를테면 소크라테스의 우시아는 소크라테스의 본질이다.

이렇게 해서 아리스토텔레스는 스승 플라톤의 품에 다시 안긴다. 이데아를 사물 속으로 집어넣어 스승의 철학에 반기를 든 제자는, 이번에는 우시아를 사

476

물의 본질적인 속성으로 규정함으로써 스승의 품으로 되돌아간다. 아리스토텔레스는 상식에서 출발해 플라톤의 이데아를 비판했지만, 결국 먼 길을 돌아서 다시 플라톤 철학으로 회귀했다.

아리스토텔레스를 상식의 철학자라고 한다. 그의 철학은 사람들이 일반적으로 생각하는 상식에 가깝다. 이는 아리스토텔레스 철학의 큰 덕목 가운데 하나다. 나는 철학이 상식이 되어야 한다고 생각하는 사람이다. 상식을 뒤집는 철학자들이 많은 것은 사실이다. 아니, 상식을 뒤집는 철학자들이 더 많은 지도 모른다. 하기는 그래야 철학의 역사에 이름을 남길 수 있는 법이다. 세상 사람들과 똑같이 생각한다면 누가 특별히 그의 철학을 기억하겠는가? 그래서 철학은 상식과 어긋나고, 삐딱하게 세상을 바라보며, 세상과는 관계없이 현학적인 말놀음을 하는 것이라고 보는 경우가 많다. 그리고 철학자는 그런 놀음을 하는 괴팍한 사람이라고 생각하는 예가 많다. 그러나 상식을 뒤집는 생각도 역시 상식에 기초해야 한다. 삐딱하게 생각한다는 것은 사람들이 흔히 빠지기 쉬운 오류를 경계해야 한다는 뜻으로 보아야 한다. 때로는 말을 비틀고, 때로는 현학적인 언어 놀음을 하는 것은 반듯한 생각을 반듯한 말로 하기 위해서라고 봐야 한다. 특히 그 속성상 추상적인 언어를 쓸 수밖에 없는 철학은 작은 잘못으로 엄청난 결과를 낳기도 하기 때문이다.

아리스토텔레스는 철학의 역사에서 보기 드물게 상식적인 사고로 이름을 날린 철학자다. 그는 상식에 기초해서 플라톤이 말하는 이데아 이론을 뒤집었다. 집의 이데아에 의해 세워진 집은 아직 한 채도 없다는 그의 상식은 천재 철학자 플라톤의 오류를 통렬하게 찌른다. 그게 상식의 힘이다. 아리스토텔레스는 실재와 실체의 차이를 철학 용어로 분명하게 구분해 줄 수 있는 철학자였다.

서양 철학에서 지금까지 사용되는 철학 용어의 대부분을 그가 처음 사용했다는 점에서 아쉬움이 크다.

누구나 있는 것과 없는 것의 차이를 안다. 구태여 그것을 철학 용어로 설명하지 않아도 안다. 아기도 있는 것과 없는 것의 차이를 안다. 그것을 우시아라고 말해 준 것까지는 아리스토텔레스 철학의 상식이 통한 일이었다. 그러나 그는 우시아를 또한 실체, 곧 어떤 알맹이 같은 존재의 본질과 동일시했다. 이건 상식이 아니다. 그는 착한 제자의 길로 되돌아갔는지는 모르겠지만, 철학이 고민하지 않아도 될 거짓 문제를 많이 만들었다.

평범한 사람이 상식에 어긋나는 주장을 할 때는 그 오류를 지적하기가 쉽다. 플라톤과 같이 상식에 어긋나 있더라도 주장하는 바가 뚜렷하고 논리적인 일관성이 죽 이어진다면, 그 오류는 쉽게 눈에 띈다. 그러나 아리스토텔레스는 평범한 장삼이사가 아니다. 그의 철학이 지닌 특징은 상식적이고 또한 체계적이다. 그는 서양 역사에서 최초로 학문의 체계를 구축한 사람이다. 사실상 서양 학문의 틀을 놓은 사람이다.

아리스토텔레스는 그의 의도와는 상관없이 형이상학이라는 학문의 창시자로 알려져 있다. 그것은 마치 존재 너머에 존재를 뛰어넘는 그 무엇이 있는 것 같은 착시 현상을 불러일으키게 한 근본 원인이 되었다. 나는 개인적으로 형이상학을 존재에 관한 문제를 다룬다는 뜻의 존재론으로 쓰는 것이 더 낫다고 생각하지만, 동서양을 통해 이미 굳어진 학문 용어인 만큼 그것을 뜯어고치자는 과격한 주장을 할 생각은 없다. 이미 그 때문에 생겨난 잘못된 생각을 상식에 다시 맞추려면 형이상학이라는 표현을 쓰는 것이 더 나을지도 모른다.

이미 3장에서 밝혔듯이, 나는 존재 또는 실재라는 개념이 바른 생각의 기초가 된다고 믿는 철학적 리얼리즘을 지지한다. 나는 존재라는 말을 정확하게 사용해야 한다는 이 생각이 서양 철학에서만 드러나는 배타적인 특징이라고 보지 않는다. 그것은 양의 동서를 떠나 건강한 상식에 기초한 생각이라고 본다. 그러나 가끔 당신의 입장이 무엇이냐고 물을 때 리얼리즘이라고 답하면, 많은 이들이 어떤 실체가 존재한다는 것을 믿는 근본주의자 또는 시대에 역행하는 형이상학 지지자로 해석해 안타까움을 느낀다. 그 원인은 아리스토텔레스와 아리스토텔레스주의자가 존재와 실체를 구분하지 않은 데 있다.

아리스토텔레스와 그의 제자들은 보편이 이름뿐이라는 유명론에 반대해서, 보편이 존재한다는 주장을 똑같은 리얼리즘_{실재론}이라는 이름으로 부른다. 나는 중세 보편 논쟁이 지성사적 관점에서는 지적 훈련을 쌓고, 문화사적 관점에서는 유럽이라는 정체성을 형성하는 데 중요한 하나의 철학적 사건이라고 본다. 하지만 철학적 관점에서는 논쟁의 논점 설정이 잘못되었다고 생각한다. 그것은 철학적 논쟁이라기보다는 언어학에서 말하는 의미론적 논쟁에 가깝다.

아리스토텔레스는 분류하고 나누고 종합하기를 좋아하는 철학자였다. 나는 아리스토텔레스가 인류에 끼친 공헌을 부인하지 않는다. 그는 대학자였다. 상식과 중용의 덕을 갖추고 있으며, 여러 갈래의 생각을 하나의 거대한 체계로 묶은 종합 학문의 이상을 보여 준 위대한 학자였다. 그러한 균형 잡힌 생각이 유럽의 지성 세계를 평정하고, 기독교와 이슬람을 종교적 신비주의로 흐르지 않도록 제어하는 데 크게 공헌했다는 점도 높이 평가한다.

그러나 아리스토텔레스는 존재의 문제와 실체의 문제, 존재의 문제와 보편의 문제 등을 구분하지 않고 한데 뒤섞어 버려 중세 이후의 지성사에 혼란을 야기한 철학자이기도 하다. 근대 과학은 아리스토텔레스와 씨름을 하기 위해 많은 시간을 낭비해야 했다. 철학 또한 마찬가지다.

나는 철학적 포스트모더니즘이라고 부를 수 있는 현대 철학의 흐름은 아리스토텔레스의 형이상학과 만날 수밖에 없다고 생각한다. 단 우리가 사는 지금의 이 시대가 새로운 시대로 넘어간다는 가정에서 그렇다. 말을 바꾸면, 철학적 포스트모더니즘이 성공하기 위해서는 아리스토텔레스 형이상학을 새롭게 고쳐 써야 한다고 믿는다. 그런 맥락에서 하이데거와 데리다의 시도는 그 전조일 수 있다. 그들이 시도한 형이상학이 암호문처럼 보이는 것은 아리스토텔레스에서 시작한 형이상학의 건물을 완벽하게 헐어 버리고 새로 짓기 때문이다.

나는 아리스토텔레스 형이상학을 고쳐 쓸 수 있다는 입장이다. 다만 존재의 문제를 존재의 속성으로 환원시킨 오류는 고쳐야 한다. 존재=실체=보편 등식의 사슬을 끊어야 한다. 나는 그것이 상식으로 돌아가는 것이라고 생각한다. 그것은 동시에 논점이 잘못 설정된 철학 문제를 재구성하는 일이기도 하다. 아리스토텔레스 철학이 왜 위험한가 하는 질문에 대한 답변이 뜻밖에도 매우 길어졌다. 그 질문에 대한 필자의 상론으로 읽어 주기 바란다.

8 ·····

　토마스 아퀴나스는 중세 최대의 신학자로 통한다. 중세라는 시대를 넘어 지금까지 등장한 신학자 가운데 가장 뛰어난 신학자라고 불러야 할지도 모른다. 내 평가가 아니다. 교회 중에서 가장 큰 교회인 로마 가톨릭교회에서 그것을 공식으로 선포했다. 그 공식 인정서가 교황 레오 13세가 1879년에 발표한 회칙 '영원한 아버지'다. 오늘날 가톨릭교회에서 아퀴나스 철학은 성경 다음의 위치를 갖는다.

　신학의 최고 권위인 만큼 그에게 따라다니는 호칭도 많다. 그는 성인이며, 가톨릭 역사에서 오로지 32명만 칭호를 부여받은 '교회 박사' 가운데 한 명이다. 그것만으로는 좀 미안했는지 박사 중에서 첫째 자리에 앉는다고 했다. 아퀴나스의 말이 곧 로마 가톡릭교회의 말이라는 것을 공식 인정한 레오 13세의 이야기다. 그 이후, 그에게는 '스콜라 철학의 왕'이라는 별칭도 따라다닌다. 또 있다. '천사 박사', '보편 박사', 그리고 '공동 박사' 등은 모두 그를 가리키는 말이다.

　도대체 그의 신학이 얼마나 대단하기에 붙여 줄 수 있는 이름은 모두 그에게 주었을까? 신학에 관심이 있고 논리를 좋아한다면, 그의 대표작 《신학 내선》에 도전해 보기 바란다. 단 각오를 단단히 해야 할 것이다. 그 책을 다 읽으려면 고시 공부하듯 머리에 수건부터 두르고 시작해야 할지도 모른다. 시간도 넉넉하게 잡아야 할 것이다. 꼼꼼히 그 뜻을 헤아리면서 그 책을 다 떼려면, 고시 공부하는 시간보다 더 걸릴지도 모르겠다. 그럴 시간이 없으니 쉽게 핵심만 짚어

달라고? 미안하다. 나도 그 책을 떼지 못했다. 그러니 한 대목만 뚝 떼어 보자.

(1) 이 세계 안에서는 어떤 것이 움직이고 있는 것이 확실하며, 또 그것
은 감각으로 확인되는 것이다.

(2-A) 그런데 움직이는 모든 것은 다른 것에게서 움직여진다.

사실 어떤 것도 그것을 향해 움직여지는 것에 대해 가능태_{可能態} 있지
않는 한 움직여질 수 없다. 움직여 주는 것은 그것이 현실태_{現實態}에 있
는 한 움직여 준다.

(2-A-1) = 즉 움직인다는 것은 어떤 것을 가능태에서 현실태로 이행
시켜 가는 것 외의 다른 것이 아니다.

(2-A-2) 그런데 가능태에서 현실태로 이끌어 가는 것은 현실태에 있
는 어떤 유_有에 의하지 않으면 될 수 없다.

(+) 그러나 같은 것이 같은 관점에서 동시에 현실태에 있으
며, 가능태에 있을 수는 없다. 다만 그것은 다른 관점에서
만 가능하다.

(2-A-3) 따라서 움직이는 모든 것은 다른 것에게서 움직여져야 한
다. 〔=(2-A)〕

(2-Ba) 그러므로 어떤 것이 그것에 의해 움직이게 되는 그것이 움직인다면
그것 또한 다른 것에서 움직여져야 하며, 그것은 또 다른 것에게
서 움직여져야 한다.

(2-Bb) 그런데 이렇게 무한히 소급해 갈 수는 없다.

(2-B+) 그 이유는, 〔만일 움직이는 것의 무한한 소급이 인정된다

면) 어떤 첫 움직이는 자가 없어질 것이며, 따라서 어떠한 다른 움직여 주는 자도 없어질 것이기 때문이다.

(3) 그러므로 우리는 다른 어떤 것에게도 움직여지지 않는 어떤 제1동자第一動者에 필연적으로 도달하게 된다.

(3') 그리고 모든 사람은 이런 존재를 신으로 이해한다.

이게 무엇이냐고? 아리스토텔레스 운동론 중에서 자신은 움직이지 않으면서 다른 것을 움직이는 '부동의 원동자' 개념을 신으로 파악해서 신의 존재를 증명하는 방식이다. 이것은 아퀴나스가 신의 존재를 증명하는 다섯 가지 길이라고 부르는 것 중에서 첫 번째 길에 해당한다. 《신학 대전》 중에서 가장 유명한 대목 가운데 하나다. 또는 그것을 다 볼 엄두가 나지 않는 나 같은 사람이 가장 많이 뚝 떼어내는 대목이다. 그런데 이 신의 존재 증명이 효력을 갖기 위해서는 다섯 가지 길을 한번에 엮어야 한다. 그래야 완벽해지기 때문이다. 논리학에서는 그것을 무한 회귀라는 용어로 설명한다. 곧 하나의 진술이 성립하기 위해서는 또 다른 진술이 필요하다는 뜻이다.

그런데 고민이다. 첫 번째 길의 일부만 옮겨 놓았는데도 이렇게 상당한 지면을 차지하니, 다섯 가지 길을 전부 다 옮겨 놓기는 곤란하지 않겠는가? 그래서 《신학 대전》은 유난히 요약본이 많다. 충분히 이해할 만하다. 《신학 대전》은 38개의 소책자와 631개의 질문이 담긴 책이다. 항목 수는 약 3000, 반론의 숫자만 약 1만 개에 달한다. 그 반론에 대한 아퀴나스의 답변이 또 뒤따른다.

이제 아우구스티누스로 대표되는 교부 철학과 아퀴나스로 대표되는 스콜라 철학의 차이가 확 느껴지는가? 아퀴나스는 아우구스티누스처럼 문학적인 표현으로 기독교의 교리를 설명한 사람이 아니다. 벽돌을 쌓듯이 기독교 교리를 차곡차곡 체계화한 사람이다. 아퀴나스에서 절정을 이루지만, 스콜라 철학 일반이 이런 성격을 가지고 있다고 보면 틀림없다. 하기는 그것을 불필요하게 복잡한 언명言明을 해서는 안 된다고 주장한 오캄 같은 스콜라 철학자도 있기는 하다. 어쨌든 아퀴나스의 《신학 대전》은 아우구스티누스의 《고백록》처럼 일반인이 읽을 수 있는 교양서가 아니다. 철학 훈련을 받은 사람도 머리를 쥐어짜면서 읽는 책이다. 시간을 물 쓰듯 하면서 읽어야 한다.

이렇게 한 대목을 읽기도 쉽지 않은 책을 아퀴나스는 어떻게 썼을까? 그래서 그의 천재성이 거론되기도 하고, 그의 놀라운 집중력을 이야기하기도 한다. 그런 점을 이야기해 주는 예화도 많다. 나는 여기에 한 가지 점을 더 보탠다. 그 비결은 그가 풀어야 할 문제를 아주 명료하고 간단한 질문으로 정리했기 때문이라고 생각한다. 《신학 대전》 머리말에는 간단하고 명료하게 진술했다는 표현이 나온다. 페이지를 넘기는 것도 힘들게 방대한 양을 쏟아붓고 간단하고 명료하다는 말을 하는 것이 기가 막힐 노릇이다. 그러나 나는 아퀴나스가 이 책을 썼을 때 그랬을 것이라고 생각한다. 그리고 그것을 그가 간단하고 명료한 질문을 가지고 있었기 때문이라고 해석한다.

자신의 질문이 없다면 글을 쓸 수 없다. 이것은 글을 읽는 데도 그대로 적용된다. 자신의 질문이 있어야 한다는 말이다. 만일 여러분이 신의 존재 여부에 대한 궁금증이 있었다면, 앞에 인용된 글에 큰 관심을 가질 것이다. 생경한 용어가 나오면 사전이라도 찾아서 정확한 뜻을 알아보려고 할 것이다. 만일 여러분이 논리학에 관심이 많다면, 철학의 역사 중에서 가장 증명하기 어려운 문제 가운데 하나인 신의 존재 증명을 당대 최고의 학자라는 아퀴나스는 도대체 어

유럽 중세 시대는 우리에게 교회와 분리된 세속 도시, 그 세속 도시의 시민이 정치에 참여하는 의회제도, 그리고 고등교육제도로서의 대학이라는 세 개의 선물을 선사했다. 그림은 14세기 교회 대학의 풍경.

떻게 증명했는가를 살펴보기 위해 꼼꼼히 들여다볼 것이다.

그 질문은 간단하고 명료하면 더 좋다. 그것은 우리가 현실적으로 아퀴나스의 난해한 책을 다 읽기 힘들기 때문이다. 여러분이 신학을 전공한다면 피할 수 없는 일이지만, 그렇지 않은 사람에게는 그럴 필요가 없을 것이다. 그렇다면? 그가 제기하는 질문이 아니라, 내가 가진 질문을 아퀴나스의 책에서 찾는 것이다. 그러면 시간과 노력이 크게 절약된다. 읽는 재미도 있을 것이다.

이야기가 옆길로 새고 있지만, 자신의 질문을 간단하고 명료하게 정리하라는 것은 우리의 철학 여행이 마무리되는 이 시점에서 지금까지 동행한 독자에게 꼭 들려 주고 싶은 말이다. 그것은 아퀴나스의 《신학 대전》처럼 읽기 버거운 책을 읽을 때 더 유용하다. 현실적으로 우리는 모든 철학 책을 다 읽을 수 없다. 또 그럴 필요도 없다. 따라서 자신이 가지고 있는 질문에 답을 줄 수 있는 철학을 찾아 나서야 한다. 때로는 《신학 대전》같이 난해한 책을 꼭 읽어야 할 때도 있다. 이때 처음부터 끝까지 하나도 빼놓지 않고 읽어야 할 필요는 없다. 그럴 수도 없다. 내가 가진 질문에 응답하는 대목만 찾으면 된다.

한마디만 더 하자. 철학은 유명한 철학자들의 이야기를 잘 요약해서 머릿속에 집어넣는 것이 아니다. 만일 꼭 그렇게 하고 싶다면, 여러분이 스스로 요약하기 바란다. 어차피 요약이라는 지적 행위에는 자신의 판단이 들어가기 마련이다. 중요한 포인트를 잡고, 거기에 맞추어 어떤 것은 살리고 어떤 것은 쳐내야 한다. 요약을 잘하기 위해서는 그 포인트가 간단하고 명료해야 한다. 여러분이 요약해라. 요약은 남이 해주는 것이 아니라, 내가 하는 것이다.

다시 아퀴나스로 돌아가자. 나는 《신학 대전》이 쓰어진 방식에 주목한다. 《신학 대전》은 요약이다. 라틴어로 쓰어진 이 책의 원제는 '숨마 테올로지카',

곧 신학에 대한 '요약'이다. 신학의 '큰 법전'이라는 의미가 아니라 '요약'이라는 뜻이다. 《신학 대전》과 함께 아퀴나스 신학의 큰 축을 이루는 《이교도에 대하여》도 이교도에 대한 반론을 모아 놓은 '숨마'다.

숨마는 하나의 주제 또는 하나의 질문에 필요한 참고 문헌을 붙이는 것을 말한다. 어렵게 생각하지 말자. 여러분도 그런 경험이 있을지 모르겠는데, 이를테면 '사랑'이라는 주제를 정하고, 사랑에 대한 명언을 쭉 적는 것이다. 톨스토이가 사랑에 대해서 한 말도 붙이고, 스탕달의 명언도 적는다. 그런데 사랑에 대한 기록을 죽 모아 놓고 보니, 어떤 이야기는 서로 충돌한다. 그래서 내가 지지하는 사랑에 대한 이야기를 중심으로 정리하고, 그것에 반대하는 이야기를 붙인다.

이와 비슷하게 숨마는 중세 시대에 책을 쓰는 하나의 방법이었다. 생각을 가다듬는 하나의 방법이기도 하다. 가장 일반적인 주제를 하나 정하고, 그 주제에서 많은 이들이 그렇다고 믿는 순서에 따라 다양한 질문으로 나눈다. 그 각각의 질문에서 내가 동의하는 주장을 앞에 내놓고, 그 주장에 반대하는 반론을 죽 모은다. 그리고 다시 내가 동의하는 주장에 기초해서 그 반론을 격파한다. 그것을 하나로 묶은 것이 바로 숨마다. 개요서 또는 명제집, 심지어는 토마스 아퀴나스의 책 제목처럼 '대전'이라고도 번역되지만, 숨마는 바로 이러한 생각을 묶은 요약이다.

나는 아퀴나스가 처음부터 우리를 질리게 하기 위해 숨마를 대전으로 만들었다고 생각하지는 않는다. 그가 처음 생각했던 질문에 대해 숨마를 하다 보니 대작이 되었다고 본다. 그 감탄스러운 거대한 체계의 시작은 간단한 질문에서 출발했을 것이다. 그의 말대로 '간단하고 명료'했을 것이다. 만일 그 질문이

복잡하고 불분명했다면, 그는 그런 대작을 쓸 수 없었을 것이다.

그가 마침내 요약한 약 3000개의 질문을 우리는 다 훑어볼 수 없다. 약 1만 개의 반론을 모두 복기할 수도 없다. 그러기에는 우리가 가진 시간이 너무 부족하다. 아퀴나스가 살았던 시대보다 더 복잡하고 다원화된 세계에서 살아가는 우리가 아퀴나스식으로 숨마를 한다면 3000개의 질문보다 더 많은 질문, 그리고 1만 개의 반론보다 더 많은 반론을 만들 수 있을 것이다. 우리가 아퀴나스를 읽는 것은 그가 만든 질문과 반론을 좇아가기 위해서가 아니다. 아마 아퀴나스의 의도도 그게 아니었을 것이다.

그러면 아퀴나스의 숨마에서 무엇을 읽을 것인가? 교회를 다니는 이들은 믿음과 이성의 조화를 읽을 것이다. 나는 이것이 아우구스티누스로 대표되는 교부 신학과 아퀴나스로 대표되는 스콜라 신학을 관통하는 메시지라고 생각한다. 1998년 교황 바오로 2세가 발표한 '신앙과 이성'의 회칙에서 말한 대로, "믿음과 이성은 인간 정신이 진리를 바라보려고 날아오르는 두 날개"라는 것이 아퀴나스가 숨마한 간단하고 명료한 화두였을 것이다. 그것은 또한 기독교 세계와 이슬람 세계의 중간자 이븐 루슈드가 전한 메시지이기도 할 것이다. 종교는 이성과 배치되지 않는다는 것이 그들의 결론이었다. 믿음은 자신의 복을 구하는 것이 아니다. 자신과 같은 민족의 복을 구하는 것도 아니다. 믿음은 광기와 동행하는 것이 아니라, 이성과 함께 날아야 한다. 나는 아퀴나스가 말한 "철학은 종교의 시녀"라는 말을 탄력적으로 해석한다. 철학이 없는 종교는 더 이상 종교가 아니다. 적어도 세계 종교가 아니다.

철학의 눈으로 본 아퀴나스의 숨마는 아리스토텔레스 철학의 재현이다. 그것은 일찍이 아리스토텔레스가 선보인 통합의 학문론이다. 중세에 태어난 대학은 숨마를 기초로 했으며, 그 전통은 지금도 그대로 이어지고 있다. 강의와 세미나는 숨마의 교육 방식을 따르고 있으며, 자신의 주장을 펼치는 논문의 형식은 숨마의 방식을 그대로 잇고 있다. 철학이라는 이름으로 통칭해서 불렸던 학문은 숨마의 방식에 따라 주제를 분화해서 지금의 개별 학문이 태어난 배경이 되었다.

9 ......

로만틱 가도의 끝에 있는 퓌센에서 로마로 가려면 알프스 산맥을 감싸고 시계 방향으로 돌아야 한다. 알프스 산맥 남쪽에 있는 북부 이탈리아의 도시 트렌토에서 비아 클라우디아 아우구스티아는 끝이 난다. 이 길을 따라 형성된 중세 도시들을 지나면서 나는 역사의 눈으로 아퀴나스의 숨마를 재해석한다.

유럽의 도시는 대부분 중세 시대에 형성된 것이다. 로마에서 연 길을 따라 만들어진 것이다. 자료마다 약간의 차이는 있지만, 유럽의 도시 가운데 약 3분의 2는 이때 형성되었다고 보면 그다지 틀리지 않을 것이다. 이 시기는 게르만족과 켈트족, 그리고 스칸디나비아에 거주하던 바이킹족 등 유럽 대륙에 살고 있던 민족들이 훈족에게 밀려 대이동한 후 정착하는 과정과 맞물려 일어난다. 도시가 형성되기 전에 그들은 법 없이 살았다. 당연했다. 그들은 핏줄이 같은 민족이었기 때문이다.

오랫동안 단일 민족국가를 이루고 살았던 우리에게는 이상하게 들릴지 모르지만, 유럽인들에게는 우리 같은 민족국가 개념이 없었다. 유럽에 민족국가가 등장한 것은 근대 시기다. 그러면 그 전에는? 핏줄이 같은 사람들끼리 모여서 살거나, 핏줄이 서로 다른 사람들은 약속_{계약}을 맺고 도시에서 살았다. 고대 도시국가 아테네와 로마를 생각하면 된다. 중세 도시는 고대 도시와 큰 차이가 하나 있다. 교회법에 따르지 않아도 된다는 것이다. 그래서 중세 도시는 세속 도시라고 부른다. 소크라테스가 사형당한 죄목을 기억하는가? 아테네의 신을 믿지 않았다는 것이 죄목 중의 하나였다. 아테네에 더불어 살기로 한 약속을

로만틱 가도의 끝자락인 알프스 산맥 북쪽 국경 도시 독일 퓌센에 있는 호엔슈반가우성.
퓌센에서 알프스 산맥을 우회하면 로마로 가는 길이 나온다. 이 성은 디즈니랜드의 환상의 나라에 등장해서 유명해진 곳이다.

파기한 계약 위반에 해당한다.

기독교는 계약에 의해 성립하는 종교다. 성경은 신과 인간의 계약을 뜻한다. 계약서를 새로 쓴《신약》에 기초한 기독교가 세계 종교가 된 이유는 신이 사람들과의 약속을 히브리인에게만 제한하지 않고, 세계 시민 모두에게 개방했기 때문이라고 할 수 있다.

아퀴나스의 숨마는 신의 교회법이었다. 아니, 로마 가톨릭교회의 공식 견해로 선언되었으니 현재형으로 고쳐서 말하는 것이 좋겠다. 아퀴나스의 숨마는 기독교 국가의 법전이다. 그리고 신과 인간의 계약뿐만 아니라 인간과 인간의 계약을 가능하게 한 하나의 법전이다.

교회와 의회, 그리고 대학은 중세 시대에 태어난 3대 발명품이다. 그 제도는 근대까지 계속 이어져 내려온다. 과연 우리가 중세를 고대에서 근대로 뛰어넘은 단절의 역사로 보는 것이 온당한 것일까?

로마로 가는 길목에 위치한 피렌체에서, 나는 중세를 단절로 본 역사가 피렌체에서 시작되었다는 사실을 새삼스럽게 깨닫는다. 그리고 르네상스를 주도한 피렌체가 플라톤의 제자들 작품이었다는 사실에 무릎을 친다. 그들이 피렌체에 플라톤의 아카데미아를 본뜬 또 하나의 아카데미아를 세운 것이 단지 그리스 문명을 복원하기 위한 것이 아니라, 아리스토텔레스에 눌린 플라톤을 복권시키기 위한 의도라는 것을 읽는다. 그리고 근대까지 이어지는 중세의 3대 발명품은 아리스토텔레스 제자들이 주도한 것이라는 점을 깨닫는다. 중세 공간에서 펼쳐진 플라톤과 아리스토텔레스의 대리전이 아리스토텔레스 철학의 승리로 끝난 것이 아니라, 플라톤 제자들의 업어치기 한판으로 완벽하게 뒤집어진 것이라는 점에 깜짝 놀란다.

중세가 암흑의 시대 또는 낭만의 시대라는 것이 근대가 만든 소산이듯이, 중세를 평온한 시대로 보는 것도 근대가 만든 또 하나의 신화다. 플라톤의 제자들은 아리스토텔레스의 제자들이 구축한 프로젝트를 거부하고 새로운 시대가 닥쳐 옴을 알렸다. 아리스토텔레스의 제자들은 그들이 세운 프로젝트를 계속 진행했다. 그들의 논쟁은 지금 우리 시대에서 벌이는 근대와 탈근대 논쟁의 완벽한 재판이 아닌가? 그렇다. 중세는 오늘의 모습이기도 하다.

이탈리아 토스카나 지방의 시에나 시 근처에 있는 발도르시아 농업 지역.
중세 유럽의 농경 풍경을 그대로 간직하고 있어서 르네상스 시대부터 지금까지 화가들의 발길이 끊이지 않는다.
순례자들이 로마로 가는 길인 비아 프란치제나(Via Francigena)의 길목에 있는 곳이기도 하다.

유럽 철학 여행을
마치면서

여행 짐 풀기

여행은 끝났다. 짐 먼저 풀어야 하나, 아니면 배낭은 저리 던져 놓고 뒤풀이 한판 먼저 벌여야 하나? 여행을 정리하는 일은 항상 멋쩍다. 힘들고 피로했던 탓만은 아니다. 아쉽고 미진하기 때문만도 아닐 것이다. 상투적인 말로 여행의 끝을 선언하는 것이 어색하기 때문이 아닐까? 그래도 짐은 풀어야 한다. 질펀한 뒤풀이로 자기 최면을 거는 일도 필요하다. 또 성가신 일이지만 여행 보고서도 쓰는 편이 낫다.

여행을 끝내고 난 뒤, 한밤중에 깨어난 적이 있는가? 정신은 말똥말똥한데 아무런 생각도 나지 않는 경험이 있는가? 그런 의학 용어가 있는지 모르겠지만, 일종의 여행 마감 증후군이다. 머릿속에서는 아직 여행이 끝나지 않았다는 외침이다. 이런 증상이 나타나면 머릿속의 짐도 풀어 주어야 한다. 그리고 깨끗이 싹 잊어야 한다.

여행 보고서 – 다시 복기하는 유럽 철학 여행

이번 유럽 철학 여행에는 전체를 관통하는 하나의 줄거리가 있었다. 그 이야기는 지금 우리가 살고 있는 세계의 성격에 대한 두 개의 충돌하는 철학적 입장에서 시작했다. 이야기의 기승전결 가운데 첫 대목 기(起)에 해당한다. 이 책에서는 1부 현대 철학에서 다루는 내용이다. 2부 근대 철학에서는 얼음과 불처럼 보이는 두 철학적 주장이 어디서 어떻게 나온 것인지 현미경으로 다시 관찰한다. 기승전결 중에서 두 번째 대목 승(承)이다. 분량으로 보면 가장 많은 이 이야기를 여기에서 다루었다. 엎치락뒤치락하며 근대에서 현대까지 이어 온 싸움은 근대적 세계관이 모범으로 삼았다는 고대 그리스까지 불똥이 튄다. 이야기의 전환에 해당한다. 기승전결 중에서 전(轉)이다. 현대의 논쟁보다는 단순하지만, 어딘가 많이 닮아 있는 고대 그리스의 논쟁은 중세 공간에서 더 치열하게 맞붙는다. 그리고 그 논쟁이 지금 우리가 벌이고 있는 우리 세계의 자기 정체성 논쟁의 재판이라는 점을 발견한다. 이야기의 결론이다. 기승전결 중에서 결(結)이다. 이를 좀 더 자세하게 복기하면 다음과 같다.

현대 철학을 다루는 1부에서는 당초 우리가 설정한 목표에 따라 '지금' '여기', 그리고 '우리'의 관점에서 지도를 새롭게 그리고자 했다. 그래서 제목도 '현대 철학 지도 새로 그리기'였다. 오늘의 철학 지도를 새로 그린다는 것은 우리가 당면해 있는 문제를 설정한다는 뜻이다. 요즈음 많이 쓰는 시사용어로 말하면 '의제 설정'이다. 우리가 떠나는 철학 여행의 큰 주제를 1부에서 설정하겠다는 의도가 숨어 있다.

우리는 두 장의 그림을 손에 쥐었다. 하나는 과학의 눈으로 세계를 그린 과학적 세계관이다. 이 그림은 우리에게 아주 익숙한 그림이다. 학교에서 교과서를 통해 배운 그림과 많이 닮았기 때문이다. 이 그림은 신화로 채색되어 있지 않다. 교회의 말씀에 기초하지도 않았다. 과학이 세계를 가장 잘 그리고 있으며, 앞으로 점점 더 잘 그릴 수 있고, 또 우리가 신뢰할 수 있는 유일한 그림이라는 믿음을 가지고 있다.

1장 '이 세상에 풀 수 없는 수수께끼는 없다—비엔나'에서 우리는 20세기 전반, 오스트리아 비엔나에서 등장한 '비엔나 학파'의 과학에 대한 무한 신뢰를 탐사했다. 그들은 공개적으로 과학적 세계관을 선언했다. 우리 모두가 과학적 세계관으로 무장해서 세계를 바라보기를 희망했다.

과학은 세계를 보는 우리의 눈을 새롭게 뜨게 했다. 누가 이 점을 부인하겠는가? 지금까지 나타난 인간의 지식 체계 중에서 과학이 가장 놀라운 성과를 거두었다는 사실을 누가 부정하겠는가? 그러나 다시 물어보자. 과학은 '모든 것을 설명할 수 있는 이론'인가? 그리고 모든 학문은 반드시 과학을 전범으로 삼아야 하는가?

이어서 과학적 세계관과 대칭을 이루는 또 하나의 그림을 우리는 받아 들였다. 이 그림에서 과학은 지식의 하나일 뿐이다. 과학은 다른 인간의 앎보다 우월하지도 않고, 그렇다고 더 열등하지도 않다. 과학적 세계관은 '서양'이라는 특정 공간 속에서, '근대'라는 특정 시간 속에서 태어난 하나의 세계관일 따름이었다. 과학, 더 정확하게 말하면 '서양 근대 과학'을 통해서 바라본 세계는 원시 사회에서 주술을 통해 바라본 세계와 다를 것이 없다. 아니, 서양 근대 과학으로 무장한 세계관은 주술적 세계관보다 더 위험하다. 오로지 과학적 세계관만 옳다고 주장하면서 과학적 세계관에 적합하지 않은 것들을 억압하기 때문이다.

2장 '철학의 새 천년, 1968년에 시작하다－파리'에서 우리는 20세기 후반에 등장한 '철학적 포스트모더니즘'의 세계관을 여행했다. 철학적 포스트모더니즘은 과학적 세계관을 전복한다.

포스트모더니즘은 방아쇠를 '근대'의 심장을 향해 정면 조준한다. 근대가 쓰러지면, 근대의 산물인 과학적 세계관도 함께 무너질 것이라고 계산했다. 포스트모더니즘은 과학에 '서양 근대 과학'이라는 모자를 씌운다. 이성에 '서양 근대 이성'이라는 딱지를 붙인다. '보편적 진리'를 근대를 지배한 백인과 남성, 그리고 부르주아지가 합작해서 만들어 낸 허위 이데올로기로 파악한다.

오늘의 세계는 '과학적 세계관'과 '포스트모더니즘 세계관'이 그린 그림이 교차한다. 과학 문명의 발달로 세계는 하나가 되고 있다. '세계화 시대'에 국경의 벽을 자유롭게 뛰어넘는 것은 사람과 상품, 그리고 자본만이 아니다. 이른바 '세계 표준'을 정하는 데는 체제와 이념도 예외가 아니다. 세계는 놀라운 속도로 하나의 지구촌으로 향해 가고 있다. 단순화해서 말하면, 이러한 흐름은 과학적 세계관의 확산이라고 할 수 있다. 서구에서 태어나 세계로 확산된 근대화의 '연속'이라고 할 수도 있다.

다른 한편, 오늘의 세계는 다문화 사회이기도 하다. 문화 상대성이 용인되고, 사회적 소수의 권리가 존중되는 시대다. '다문화주의'에서는 하나의 잣대로 모든 것을 획일적으로 규정하지 않고, 너와 나의 다른 잣대를 인정한다. 너의 문화와 나의 문화의 다름을 재앙이 아니라, 축복으로 바라본다. 단순화해서 말하면 이러한 흐름은 포스트모더니즘 세계관이라고 할 수 있다. 서구에서 태어나 세계로 확산된 근대가 드디어 막을 내리고, 과거와 '단절'된 새 시대가 시작되었다고 볼 수 있다.

여러분에게 다시 묻는다. '과학적 세계관'과 '포스트모더니즘 세계관'이 그린 세계의 그림 가운데 어느 편을 더 지지하는가? 그리고 그 이유는 무엇인가? 우리가 비엔나와 파리 철학 여행에서 계속 던진 질문이다. 공은 여러분에게 넘어왔다. 이제 여러분이 답할 차례다.

3장은 위 물음에 대한 필자의 답안지다. 3장 '우리는 하나의 세계에 살고 있다—실재의 귀환'에서 나는 '실재'의 귀환에 큰 희망을 건다. 절대주의와 상대주의의 모순을 해결하기 위해 실재를 소환했다. '과학적 세계관'과 '포스트모더니즘 세계관'에서 귀양 가 있던 실재를 소환해서 절대주의와 상대주의의 모순을 해결하려고 하는 세계관을 나는 '리얼리즘'이라고 불렀다.

전체 여행 중에서 유럽의 도시를 탐사하지 않은 유일한 장이 이 3장이다. 아마 무슨 무슨 주의라는 이름이 가장 많이 등장했던 곳이 아닌가 싶다. 좀 지루하기도 하고, 조금 어렵게 느껴졌을 수도 있다. 나는 여기서 분명하게 말한다.

이 장은 휙 건너뛰어도 상관없다. 나의 답안지를 읽는 것보다는 여러분의 답안 지를 쓰는 것이 더 중요하다. 물론 나는 여러분을 설득하기 위해 최선을 다해서 이 답안지를 썼다. 그리고 앞으로도 최선을 다해 쓸 생각이다. 이번에 답안 지를 쓴 경험을 바탕으로 다음에는 좀 더 부드럽게 쓸 수도 있을 것이고, 또 논 리에 허점이 보인 대목을 틀어막기 위해서는 더 생경한 용어를 동원할지도 모르겠다. 아마 전자는 이 책과 같은 철학의 대중화를 위한 글에서 드러날 것이 고, 후자는 좀 전문적인 논문에서 나타날 것이다.

2부에서 우리는 근대적 세계관의 원리를 '클로즈업'해서 살펴보았다. 그것 은 우리가 1부에서 그린 '과학적 세계관'의 탄생과 성장, 그리고 위기를 살펴 보는 것이면서, 동시에 '포스트모더니즘 세계관'의 씨앗이 어떻게 싹텄는가를 역으로 추적하는 것이기도 하다. 큰 흐름에서 보면, 근대 초기에는 과학적 세 계관을 예찬하는 계몽의 정신이 강조되었고, 근대 후기에 접어들면서 포스트 모더니즘 세계관의 힘이 점점 강해진다.

4장 '나의 눈으로 세상을 바라본다―피렌체'에서 우리는 근대의 시작을 알린 15세기 르네상스 시대의 피렌체로 떠났다. 여기에서 우리는 근대의 출범을 '근대적 인간'의 탄생에서 찾고, 근대적 인간의 특징을 나의 눈으로 세계를 본다는 점으로 풀었다.

나의 눈은 신의 눈이 아니라 인간의 눈이다. 인간의 눈은 항상 그가 서 있는 곳에 묶여 있을 수밖에 없다. 그래서 나의 눈으로 그린 세계에는 항상 나의 시각이 드러나게 마련이다. 나의 시각으로 그린 세계를 추하고 불완전하다고 부끄러워하지 않고, 아름답고 질서 있다고 당당하게 생각한 사람이 근대인이었다.

미술에서는 '원근법', 건축에서는 '투시법'이라는 이름으로 각각 불리는 '시각perspective'의 원리는 지금 여기에 나의 눈을 고정시켜 세계를 바라보는 동일한 원리의 다른 표현이다. 그것은 또 정확하게 카메라를 탄생시킨 과학의 원리이기도 하다. 이렇게 나의 눈은 화폭에 새로운 질서를 부여하고, 도시 공간을 새로운 질서로 건설한다. 한 걸음 더 나아가 세계를 과학적으로 보는 첫걸음이 되기도 한다.

르네상스 시대에 등장한 시각법은 공간을 합리적으로 분할하는 원리가 된다는 점에서 근대 합리주의를 예고하고 있으며, 그 누구도 아닌 나의 경험적 시각을 중시한다는 점에서 근대 경험주의를 배태하고 있다. 또한 거기에는 이미 근대 과학의 정신이 드러나 있다.

5장 '이성은 자연을 있는 그대로 밝히는 빛이다—암스테르담'에서 우리는 합리주의의 원류를 찾아 17세기 암스테르담으로 떠났다. 암스테르담은 사상과 종교의 자유를 찾아온 사람들이 세운 자유의 도시였다. 그곳에서 우리는 서양 근대 철학의 닻을 올린 데카르트와 스피노자를 만난다. 그들이 건설하고자 한 세계는 이성의 눈으로 본 세계였다. 그들이 해석한 나의 눈은 곧 이성의 눈이었다.

근대 철학의 아버지 데카르트는 근대 세계를 세우는 방법으로 이성을 내세웠다. 이성은 이치에 맞게 생각하는 능력이며, 철학의 제일 원리를 이끌어내는 힘이었다. "생각한다, 고로 존재한다"는 그의 선언은 철저하게 이성이 가진 추론 과정에서 나온 것이었다. 데카르트가 세운 세계의 그림은 이성이 그린 세계였다. 스피노자는 데카르트가 세운 물질과 정신의 이원론적 철학에 반대했지만, 그 반대의 논리에 동원된 것은 데카르트적 개념의 이성이었다.

6장 '하얀 백지에 인간 사회를 그리다—에든버러'에서 우리는 세계의 기본 원리를 이성이 아니라 경험으로 상정한 경험주의들을 추적했다. 그들이 하얀 백지 위에 그린 그림은 이성의 눈이 아니라 경험의 눈으로 그려진다. 이성이 그린 그림은 경험의 세계를 초월한 형이상학으로 규정되어 불 속에 버려진다.

경험의 기획은 현실 세계에서 큰 위력을 발휘했다. 존 로크가 씨를 뿌린 경험주의는 정치 이념으로서 자유주의 정부론과 결합하면서 유럽과 아메리카에서 새로운 정치 질서를 가진 세계를 건설했고, 데이비드 흄에 의해 완성된 경험주의는 시장의 역할을 강조하는 애덤 스미스의 자본주의 경제론을 탄생시켰다. 또 아이작 뉴턴은 가설보다 실험 관찰의 중요성을 강조하는 경험 과학의 원리를 세웠다. 우리는 6장에서 '스코틀랜드 계몽주의'의 고향 에든버러를 중심으로 이러한 '경험의 기획'을 살펴보았다. 그 무렵 나라를 빼앗긴 스코틀랜드의 지식인들이 정부가 아니라 시장과 시민 사회에 관심을 둔 이유도 넌지시 짚어 보았다.

7장 '계몽의 철학적 주춧돌을 완성하다─쾨니히스베르크'에서는 칸트 철학에 초점을 맞추었다. 지금은 러시아 땅 칼리닌그라드로 이름이 바뀐 동프로이센의 수도 쾨니히스베르크를 평생 떠나 본 적이 없는 칸트는 근대적 세계관의 두 주역, 이성과 경험을 '선험'으로 묶는다. 모든 인식은 경험에서 시작하지만 그 인식을 가능하게 하는 이성(칸트의 용어로는 오성)은 경험에서 온 것이 아니라고 칸트는 주장했다.

칸트 철학은 경험을 뛰어넘어 있지만 경험을 가능하게 하는 '선험의 철학'이며, 또 이성의 힘으로 이성을 비판하는 '비판의 철학'이다. 그는 이 선험 철학 또는 비판 철학으로 독단론에 빠진 이성의 기획과 회의론에 빠진 경험의 기획을 종합할 수 있다고 생각했다. 그리고 "아는 것을 두려워하지 말라Sapere Aude"고 외쳤다. 계몽의 힘은 이미 주어져 있다. 문제는 타인에 의지하지 않고, 자신의 힘으로 세계를 이해할 수 있다고 선언하는 용기라고 칸트는 말한다. 우리는 칸트 철학에서 근대인의 완성을 읽는다.

8장 '절대정신의 세계 역사를 정리하다—베를린'에서 우리는 헤겔과 만난다. 칸트에서 근대인의 철학이 완성된다면, 헤겔에서 우리는 근대를 벗어나는 '탈근대'의 조짐을 읽는다.

헤겔 철학은 칸트 철학의 용어로 씌어진 칸트 철학에 대한 이의 제기다. 칸트 철학에서 등장한 철학 용어는 헤겔 철학에서 새롭게 해석된다. 헤겔은 칸트 철학에서 핵심을 이루는 '선험적 환원', 곧 객관의 경험적 내용을 주관의 형식으로 환원하는 것을 형식주의라고 비판하고, 객관과 주관을 서로 얽혀 있는 또는 상호 매개되어 있는 것으로 보았다. 이른바 '변증법'이다.

헤겔은 그의 시대를 '새로운 시대' 또는 새로운 시대로 넘어가는 과도기로 규정했다. 오늘의 시대를 새로운 시대, 또는 과도기로 규정하는 탈근대 철학과 닮은꼴이다. 이성의 변증법적 자기 전개가 사회와 역사에 항상 매개되어 있다는 점에서 이성의 사회적·역사적 제약을 강조하는 탈근대 철학과 또 닮았다. 우리는 칸트가 선언한 자신만만한 근대인의 모습이 헤겔 철학에 오면 역사의 꼭두각시가 된다는 점에 주목할 필요가 있다. 그것은 '말을 탄 세계 정신'으로 헤겔이 감격한 나폴레옹도 예외가 아니었다.

다른 한편 헤겔 철학의 목표인 절대정신의 자기완성은 근대 세계의 완성이기도 하다. 그것은 역사의 종언, 곧 역사의 최종 완성이다. 그것은 자기 눈으로 세계를 바라본 근대인이 자신을 완벽하게 파악한 단계라고 해석할 수 있다.

독일 관념론의 두 거인 칸트와 헤겔은 이렇게 같은 용어로 다른 모습의 근대를 그리고 있다. 우리는 칸트의 선험적 관념론과 헤겔의 절대적 관념론의 핵심 개념인 '선험'과 '변증법'으로 곧바로 직진했다. 그들의 철학은 난해하기로 악명 높다. 그러나 피할 수 없다면 즐겨야 한다. 7장과 8장은 매우 딱딱하고 어려웠을 것이라고 짐작한다. 칸트와 헤겔 철학에서도 가장 난해한 대목으로 돌진했기 때문이다. 나는 그 방법이 역설적으로 가장 쉬운 독해법이라고 생각한다. 그들의 철학을 명사로서 외우고 정리하려고 하지 마라. 그들이 사용한 난해한 용어에 너무 얽매이지 말고, 동사로서 '철학하는' 즐거움을 느껴 보기를 나는 다시 한번 강조한다.

9장에서 우리는 19세기 빅토리아 시대의 런던으로 떠났다. 산업혁명과 자본주의가 최초로 일어난 대영 제국의 심장 런던에서 우리는 빅토리아 시대 영광의 뒷골목을 거닐었다. 그 거리에서 우리는 뿌리 뽑힌 삶을 살아가는 부랑자와 창녀, 그리고 올리버 트위스트 같은 고아들을 만났다. 소호의 거리에서, 그리고 대영 도서관의 열람실에서 《자본론》을 집필한 마르크스를 만났다.

마르크스는 부르주아지가 그린 근대 기획이 실패했다고 선언하고, 노동자 계급이 중심이 되는 새로운 세계를 꿈꾸었다. 말하자면 그는 근대의 기획서를 다시 쓴 인물이다. 9장 '근대 프로젝트를 새로운 틀로 바꾸다─런던'에서 우리는 헤겔의 제자인 마르크스가 헤겔이 주장한 변증법적 관념론의 역사를 변증법적 유물론의 역사로 어떻게 고쳐 썼는지 그의 발자취를 추적했다.

10장 '근대가 꿈꾼 인간은 허구다—바젤'은 2부의 마지막이다. 이곳에서 우리는 뜻밖의 이야기를 듣는다. 애당초 근대라는 것은 없었다는 이야기다. 그렇다면 근대의 기획서를 새롭게 고치고 말고 할 필요조차 없다. 우리는 바젤에서 근대가 생각한 보편적 인간이란 하나의 허구에 불과했다는 니체 철학의 궤적을 들여다보았다. 그가 말한 "신은 죽었다"는 유명한 선언은 기독교적 세계관만을 부정한 것이 아니었다. 그리스어 문헌학자였던 니체는 고대 그리스의 인본주의를 새롭게 탄생시켰다는 근대 르네상스를 허구로 바라본다.

니체는 소크라테스 철학이 아름답고 균형 잡힌 고대 그리스 정신을 타락시켰다고 했다. 니체의 지적이 옳다면, 소크라테스 철학, 정확하게 말해서 플라톤에 의해 정리된 소크라테스 철학을 되살리는 르네상스는 그 시작부터 부패한 셈이다. 르네상스라는 말 자체가 허구인지도 모른다.

3부 '서양 철학의 뿌리를 찾아서'에서 우리는 고대 그리스와 중세 유럽으로 먼 시간 여행을 떠났다.

11장 '생각이 막히면 고대 그리스로 떠난다―아테네'에서 우리는 지금까지 우리가 더듬어 온 철학 문제의 원류를 찾아 기원전 5세기 아테네 거리를 거닐었다. 그리스인이 세운 '노모스_{nomos(인간 세계)}'에서 우리는 소크라테스를 플라톤의 증언을 통해 들었다.

'너 자신을 알라'는 델포이 신전에 새겨진 경구를 통해 자신이 옳다는 것을 주장하다가 결국 독배를 마시고 죽은 소크라테스의 재판은 인간이 세운 노모스의 세계가 자연의 세계인 '피시스_{physis}'와 같이 보편적 원리가 통할 수 있는 곳인지, 아니면 인간이 만물의 척도가 되는 상대성을 인정해야 하는 것인지, 오늘의 문제와 다르지 않다는 것을 확인했다.

12장 '유럽이 만들어지다―로마로 가는 길'은 이 책에서 가상 긴 시간내를 탐사한다. 그래서 우리의 여행 공간을 로마에 묶지 않고, 로마로 가는 길로 확장했다. 로마로 가는 길은 뒤집어서 말하면 로마에서 출발하는 길이다. 그 길을 연 것은 로마였지만, 그 길을 따라 유럽 도시들이 하나 둘 세워지고, 그 길을 통해 사람과 문물이 오가면서 오늘의 유럽이 만들어졌다. 유럽의 도시들의 약 3분의 2가 중세 시대에 로마로 가는 길을 따라 건설되었다. 로마 제국이 무너지면서 시작된 중세 시대에도 로마는 여전히 유럽의 중심이었던 것이다.

　우리는 이 여행에서 중세의 공간이 기독교 신학과 플라톤 철학이 찰떡궁합으로 만나 천 년의 가약을 맺은 곳이 아니라 치열한 사상의 전쟁터였다는 단서를 곳곳에서 포착한다. 핏줄과 핏줄의 서로 다른 가치 체계가 충돌하고, 정교政敎 분리가 되지 않은 상태에서 종교와 종교가 격돌한 천 년 세월의 전쟁 속에서 살아남은 승자가 기독교 신학과 플라톤 철학이라고 보아야 옳다. 기독교 신학과 플라톤 철학이 평온한 중세 천 년을 이끈 것이 아니라, 기독교 철학과 플라톤 철학의 동맹 전선이 최후의 승자였다고 보는 편이 더 적절할 것이다.

　천 년 중세의 끝자락에서 우리는 뜻밖에도 같은 뿌리를 가진 플라톤과 아리스토텔레스의 사제 대결을 지켜본다. 이 전쟁은 아리스토텔레스 제자들의 연합 전선인 스콜라 철학의 승리로 귀결되는 것처럼 보였다. 스콜라 철학은 정치와 종교를 분리했고, 세속과 관련된 일은 의회에서 종교와 관련된 일은 교회에서 각각 맡도록 함으로써 정교가 분리된 근대 정치의 틀을 놓았다. 중세가 우리에게 준 선물 세 가지, 곧 대학과 의회, 그리고 정치에서 분리된 교회는 바로 아리스토텔레스 제자들의 작품이었다.

그러나 생각의 전쟁에서 속단은 금물이다. 플라톤의 제자들은 아리스토텔레스의 제자들이 구축한 중세의 질서를 무시하고 새로운 역사의 도래를 선언했다. 아예 판을 뒤집어 버린 것이다. 르네상스가 시작된 피렌체는 바로 플라톤의 제자들이 한판 뒤집기로 근대를 연 곳이기도 하다. 근대가 중세의 단절인가 연속인가 하는 논의는 오늘날 용어만 살짝 바뀌어 다시 재현되고 있다. 지금 우리가 살고 있는 시대가 근세의 단절인가 연속인가 하는 정체성 공방은 우리 시대만의 고민이 아니다.

모든 철학은 항상 자신의 시대를 위기로 파악한다. 이리 가느냐 저리 가느냐에 따라 생사가 결정되는 운명의 갈림길에서 놓여 있다고 생각한다. 그것은 우리가 가장 평온한 시대라고 상정하는 중세 시대에도 마찬가지다.

과문한 탓이겠지만, 철학의 역사를 중세에서 마감한 책을 나는 읽은 적이 없다. 그래서 중세의 끝자락이며, 근세의 첫 자락에서 철학 여행을 접는 것이 영 어색하지 않을까 하는 고민이 이 책을 쓰는 동안 내내 필자의 머릿속을 떠나지 않았다. 그러나 이제는 자신 있게 말할 수 있다. 중세의 모습은 바로 오늘의 거울이라고. 그래서 중세에서 마감을 하는 것이 어쩌면 가장 여운이 남을 수도 있고, 또 생각할 공간을 가장 크게 남길 수도 있다고. 우리가 이번 유럽 철학 여행의 목표로 설정한 지금 여기, 그리고 우리에 대한 정체성을 다시 생각하기에 적합한 결론이라고.

Mission Accomplished?

기억하는가? 우리는 여행의 최종 목표를 유럽 철학을 이해하는 데 두지 않았다. '지금' '여기'에 살아가는 '우리'의 정체성을 찾는 것으로 정했다. 이제 물어보자. 목표는 이루어졌는가?

긍정적인 답을 얻지 못했다고 실망할 필요는 없다. 쉽지 않은 일이다. 어차피 한 번의 여행으로 얻을 수 있는 답도 아니다. 평생 찾아 나서야 할 문제인지도 모른다. 또 정해진 답이 있는 것도 아니다. 그래서 철학의 대가들도 끊임없이 철학의 역사를 새롭게 고쳐 쓴다. 철학이란 어떤 점에서 항상 새롭게 고쳐 쓰는 철학사다. 아리스토텔레스는 플라톤 철학을 새로 썼고, 헤겔은 칸트 철학을 재해석해서 새롭게 만들었다.

중요한 것은 자신의 시각으로, 자신의 말로, 자신의 문제를 설정하는 것이다. 이 말을 살짝 바꾸면, 우리가 유럽 철학 여행의 또 다른 목표로 설정했던

'지금' 그리고 '여기'에서 '우리'의 눈으로 철학 여행을 해야 한다는 것이다. 우리 모두에게 '지금'과 '여기', 그리고 '우리'가 똑같은 것일 수는 없다. 이 세상에 나와 똑같은 복제물은 없기 때문이다. 따라서 여행에서 우리가 보는 것이 똑같을 수도 없다. 여행에서 우리가 구하는 것이 동일할 수도 없다. 설사 내가 같은 코스를 여행한다고 하더라도 항상 똑같은 느낌을 갖는 것도 아니다.

이제 다시 물어보자. 여러분은 어떤 종류의 여행을 떠난다고 하더라도 여러분 스스로가 결정한 여행 코스로 떠날 것인가? 그리고 그 여행의 주제를 스스로 정할 것인가? 당연하다고? 그러면 성공. 목표는 달성되었다. Mission Accompolished!

헌사

이 책은 구상에서 집필까지 만 2년이 넘게 걸렸다. 3개월을 예상했던 처음 구상보다 훨씬 긴 시간이었다. 그러나 그만큼 행복한 시간이었다. 이 자리를 빌려 고마움을 꼭 표하고 싶은 분들이 있다. 여행 뒤풀이에 감사의 말이 없을 수 없다. 첫 감사는 이 책을 기획한 채희석 선생님의 몫이다. 형의 제안이 없었다면 이 책은 태어나지 못했을 것이다. 도서출판 풀빛의 홍석 사장님과 이 원고를 꼼꼼히 읽어 준 최양순, 전소현, 김재실, 정다혜, 김상은 씨 등에게도 고마움을 표한다. 나는 이제서야 '그들의 격려와 인내심이 없었다면'이라는 의례적인 표현이 상투적인 허사가 아니라는 것을 알게 되었다. 저작권이 없다면 나는 이 표현을 표절한다. 가장 큰 고마움의 대상은 항상 내 글의 첫 독자였으며, 이 책을 위해 엄동설한의 유럽을 함께 누볐던 나의 아내 이정화다. 당초 예상보다 워낙 긴 시간 동안 책을 썼기 때문에 "그동안 책은 다 썼느냐?"는 질문을 많이 받았다. 내게 관심을 보여 준 모든 이에게 머리 깊숙이 숙여 감사드린다. 이 책은 지난 4월 뇌일혈로 갑자기 세상을 떠나신 아버지에게 바친다. 그때 나는 이 책의 서문을 쓰고 있었다.

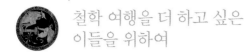

철학 여행을 더 하고 싶은
이들을 위하여

1. 비엔나, 또는 논리실증주의

비엔나 학파의 철학을 읽기에 가장 좋은 글은 1929년에 발표한 이 학파의 창립 선언문이다. 이 선언문은 간단한 웹 서치로도 독일어 및 영어로 된 공개 자료를 쉽게 구할 수 있다. 그러나 유감스럽게도 우리말 번역본은 아직 보지 못했다. 좀 더 체계적으로 비엔나 학파의 철학을 이해하고 싶은 이들에게는 오토 노이라트의 부인 마리아 노이라트와 R. S. 코헨이 공동 편집한 《경험주의와 사회학Empiricism and Sociology》을 추천한다. 이 책을 구하기 힘들다면, 대안으로 A. J. 에이어가 쓴 《논리실증주의Logical Positivism》를 권한다. 이는 비엔나 학파의 철학을 영어권 세계에 소개해 대중화시킨 책이다.

비엔나 학파는 과학자 아인슈타인과 철학자 비트겐슈타인을 그들이 학문적 이상으로 상정한 과학적 세계관의 두 거목으로 높이 평가했다. 철학 여행에 더 관심이 있는 독자에게는 비트겐슈타인이 쓴 《논리−철학 논고Tractatus Logico-Philosophicus》를 읽을 것을 권한다. 이 책은 청년 비트겐슈타인과 비엔나 학파가 철학의 거짓 문제를 해결했다고 생각했던 책이다. 비엔나 학파의 핵심 멤버들과 비트겐슈타인은 이 책을 한 줄 한 줄 읽으면서 강독하기도 했다. 그러나 비엔나 학파는 그들이 선언한 과학적 세계관과 《논리−철학 논고》의 논지가 일치한다고 생각한 반면, 비트겐슈타인은 비엔나 학파가 자신의 책을 잘못 이해했다고 여긴 것 같다. 비트겐슈타인이 쓴 《논리−철학 논고》를 비엔나 학파의 과학적 세계관과 양립할 수 있는지, 염두에 두면서 읽어 보기를 바란다. 또 과학 또는 과학철학에 더 관심이 있는 독자라면 아인슈타인의 과학관이 과연 비엔나 학파의 과학적 세계관과 동일 선상에 서 있는지 추적해 보기를 권한다. 아인슈타인이 쓴 에세이 중에서 굳이 딱 한 편을 고른다면, 1936년 프랭클린 연구소에 기고한 〈물리학과 실재〉를 추천하고 싶다.

한편 비엔나의 문화 분위기에 관심이 있다면 문화비평가 칼 쇼르스케가 쓴 《세기말 비엔나Fin-de-Siecle》를 추천한다. 이 책은 양차 세계대전 사이가 아닌 19세기 말을 시대

배경으로 하고 있지만, 비엔나의 문화 지형을 다룬 책 가운데 단연 압권이다. 한국어 번역본도 있다.

2. **파리**, 또는 포스트모더니즘 철학

1968년 운동을 운동사가 아닌 지성사의 흐름에서 근대와 탈근대의 갈등 축으로 해석한 책 가운데 프랑스 사회학자 알랭 투레인의 《근대의 비판Critique of Modernity》과 독일 사회학자 피터 바그너의 《근대의 사회학Sociology of Modernity》을 권한다. 근대 프로젝트와 이에 대한 비판 또는 반성을 개괄적으로 조망한 책으로는 영국의 오픈 유니버시티에서 펴낸 근대 사회를 이해하기 위한 네 권의 사회학 입문 시리즈 중에 《근대의 형성The Formations of Modernity》과 《근대와 그 미래의 모습들Modernity and its Futures》이 읽을 만하다.

근대 세계관의 위험성을 경고한 책에는 여러 흐름이 있지만, 그 어느 편도 일반인이 접근하기에는 녹록해 보이지 않는다. 그래서 자신이 흥미를 갖는 분야로 관심을 좁혀, 현대 철학의 고전적 지위에 이른 것으로 평가되는 책을 읽기를 권하고 싶다. 그 편이 어설프게 쓴 해설서를 보는 것보다 훨씬 낫다고 생각한다. 과학에 관심이 있는 이들에게는 미국의 과학철학자 쿤(Thomas Kuhn)이 쓴 《과학혁명의 구조The Structure of Scientific Revolution》, 사회사에 흥미를 가진 독자에게는 독일 철학자 아도르노와 호르크하이머가 함께 쓴 《계몽의 변증법》을 추천한다. 영국의 사학자 E. H. 카가 쓴 《역사란 무엇인가What Is History?》도 근대적 역사관에 물음표를 던진 책이라고 할 수 있다.

철학적 배경이 있는 독자라면 프랑스 철학자 료타르(Jean-Francois Lyotard)가 쓴 《포스트모던의 조건》, 프랑스 철학자 푸코의 《지식의 고고학》, 독일 철학자 하버마스의 《탈형이상학적 사고》 등이 좋아 보인다. 료타르와 푸코의 책이 근대를 고발하는 데 방점이 찍혀 있다면, 하버마스의 책은 근대를 변호하는 경향이 더 강하다. 그러나 근대냐 탈근대냐를 나누는 도식적인 분류에 너무 사로잡히지 말고, 왜 어떤 이들은 근대적 세계관을 고발하고 어떤 이들은 근대적 세계관을 옹호하는지, 큰 흐름을 추적해 보기를 당부하고 싶다. 이와 관련, 비트겐슈타인의 후기 저작 《철학 논구》를 권하고 싶다. 앞에서 언급한 현대 철학의 고전들은 모두 한글 번역본도 나와 있다.

3. **실재의 귀환**, 또는 리얼리즘

리얼리즘 철학이 무엇인가 관심이 있는 독자에게는 미국 철학자 설(John Searle)의 《사회적 실재의 구성The Construction of Social Reality》과 영국 철학자 로이 바스카(Roy Bhaskar)가 쓴 《과학에 대한 리얼리즘 이론A Realist Theory of Science》을 권하고 싶다. 한글 번역본으로는 설의 《정신, 언어, 사회》와 바스카의 《비판적 실재론과 해방의 사회과학》이 나와 있다.

하나의 철학적 입장은 그 반대편에 선 철학과의 논쟁을 통해 그 성격이 더 뚜렷하게 드러나기도 한다. 그 점에서 리얼리즘에 반대하는 미국의 철학자 로티(Richard Rorty), 그리고 리얼리즘을 변용한 미국의 철학자 퍼트남(Hilary Putnam)의 책을 함께 읽는 것도 좋다. 그 중에서 굳이 한 권만 꼽으라고 한다면 로티의 《철학과 자연의 거울Philosophy and the Mirror of Nature》, 퍼트남의 《인간의 얼굴을 한 리얼리즘Realism with a Human Face》이 좋아 보인다.

4. **피렌체**, 또는 르네상스 철학

철학의 역사를 복기할 때, 때로는 현재의 학문 분류법으로서의 철학에서 벗어나 한 시대의 생각의 틀이라는 시각에서 철학을 탄력적으로 바라볼 때가 유익한 경우가 있다. 이러한 접근법은 우리가 살고 있는 시대와 먼 곳을 여행할 때 더 유용하다. 르네상스 시대의 철학이 그렇다. 르네상스 시기는 예술이 생각의 틀을 새롭게 만들어 가는 선도적인 역할을 했던 시기다. 이 점에서 오스트리아 출신의 20세기 미술사가 곰브리치의 《미술사The Story of Art》는 미술 이야기로 생각의 역사를 쉽고 간명하게 정리한 책이다. 르네상스 시대의 생각의 틀을 보다 자세하게 들여다보기를 원한다면 예술사라는 학문을 개척한 19세기 독일 역사학자 부르크하르트의 《이탈리아의 르네상스 문화》를 읽어 보기를 권한다.

그리스 철학에 흥미를 가진 독자라면 중세의 끝자락에서 근세로 넘어가는 르네상스 시기, 특히 피렌체를 중심으로 전개된 르네상스 운동이 아리스토텔레스 철학에 대한 플라톤 철학의 반격이라는 관점에서 재해석해 볼 것을 제안한다. 그래야 왜 근대의 시작이 아리스토텔레스 철학의 두들겨 패기에서 시작되었는지 큰 그림이 잡힌다.

5. **암스테르담**, 또는 근대 합리주의 철학

데카르트의 《방법 서설》은 생각의 역사에서 빼놓을 수 없는 기념비적인 저작이다. 필독을 권한다. 데카르트 철학을 좀 더 자세하게 살펴보기를 원한다면 《성찰》이 좋다.

스피노자 읽기는 까다롭다. 마치 유클리드 기하학의 공리처럼 일련번호를 매겨 가면서 그의 주장을 하나씩 논증해 가기 때문이다. 이런 식 글쓰기를 한 현대 철학자로는 비트겐슈타인이 있다. 앞에서 거론한 비트겐슈타인의 《논리-철학 논고Tractatus Logico-Philosophicus》는 스피노자의 《신학-정치학 논고Tractatus Theologico-Politicus》의 제목을 흉내 낸 것이다. 물론 비트겐슈타인의 책도 스피노자의 책처럼 일련번호가 매겨져 있다.

나는 아무리 뛰어난 2차 주석서도 거친 1차 원전을 읽는 것보다 못하다는 입장이다. 그러나 단 하나의 예외를 둔다. 2차 주석서가 1차 원전을 단순하게 해설하는 것이 아니라, 1차 저작을 자신의 철학으로 완전하게 녹여서 새롭게 해석하는 경우다. 이때 2차 주석서는 1차 원전의 지위로 올라선다. 아주 특이한 경우지만 제자 플라톤이 스승 소크라테스의 입을 빌려 펼친 철학이 그렇다. 스피노자 철학에도 뛰어난 주석서가 많다. 쇼펜하우어가 주석한 스피노자가 그렇고, 니체가 주석한 스피노자가 그렇다. 도대체 어디부터 어디까지가 스피노자의 철학이고, 어디부터 어디까지가 쇼펜하우어의 철학인지 애매한 경우도 많다. 현대에도 스피노자 철학을 통해 자신의 철학을 이야기한 철학자가 많다. 프랑스의 철학자 들뢰즈가 대표적이다.

스피노자 같은 철학자의 경우는 그의 대표작인 《윤리학》을 끙끙거리면서 읽는 것도 좋지만, 그의 철학을 주석한 뛰어난 그 이후의 철학을 통해 스피노자를 재조명하는 것도 가치 있는 일이다. 주석을 계속 달아도 또 다른 주석이 가능한 철학이 사실 그다지 흔치는 않다.

6. 에든버러, 또는 근대 경험주의 철학

일반적으로 철학사에서는 경험주의 철학의 삼총사로 로크와 버클리, 흄을 꼽는다. 생각의 역사를 좀 탄력적으로 다루는 이 책에서 나는 경험주의 삼총사로 흄과 함께 물리학자 뉴턴, 경제학자 스미스를 꼽고 싶다. 흄과 뉴턴, 그리고 스미스에 따르면 모든 이론은 가설이다. 모든 학문이란 경험 또는 실험의 축적물에 다름 아니다. 학문은 경험을 체계적으로 정리한 한시적 생명력을 가지고 있는 이론 체계일 따름이다.

흄의 철학을 읽기 위해서는 그가 쓴 《인성론A Treatise of Human Nature》과 《인간 이해에 관한 한 연구An Inquiry concerning Human Understanding》를 읽어 보기를 권한다. 후자는 《인간오성론》이라는 딱딱한 말로 흔히 번역되었다. 아마 일본어 중역을 통해서 들어온 말이 굳어졌기 때문으로 보인다. 흄은 칸트처럼 이성과 오성을 구분하지 않았다.

뉴턴의 저서는 일반적으로 프린키피아(원리) 또는 프린키피아 마티마티카(수학의 원리)라는 이름으로 통용되는 세 권으로 이루어진 과학 역사의 기념비적인 저작 《자연철학의 수학적 원리Philosophi Naturalis Principia Mathematica》가 대표적이다. 이런 종류의 저작을 처음부터 끝까지 통독할 필요는 없다. 필요한 대목만 골라 읽으면 충분하다.

스미스의 저서는 경제학의 효시로 유명한 《국부론An Inquiry into the Nature and Causes of the Wealth of Nations》을 첫손에 꼽아야겠지만, 국부론이 어떻게 나왔으며 또 오늘의 시점에서 국부론을 어떻게 새롭게 해석할 것인가를 고민하는 경제학도라면 《도덕감정론The Theory of Moral Sentiments》을 읽기를 권한다.

7. 쾨니히스베르크, 또는 근대 철학이 완성된 칸트 철학

철학도라면 칸트의 3대 비판서, 곧 《순수 이성 비판》과 《실천 이성 비판》, 그리고 《판단력비판》을 피할 수 없다. 무조건 부딪쳐야 한다. 힘들다면 《순수 이성 비판》의 자습서에 해당하는 《프롤레고메나》와 함께해야 한다. 그러나 근대적 세계관에 관심이 있는 독자에게는 그의 짧은 논문 〈계몽이란 무엇인가〉를 권한다.

8. 베를린, 또는 근대에서 탈근대를 예비한 헤겔 철학

헤겔 철학에 접근하는 가장 좋은 방법은 헤겔이 베를린대학에서 강의한 역사 철학 강연을 모아 사후에 출판한 《역사 철학 강요》를 읽는 것이라고 생각한다. 이 책은 헤겔이 쓴 일종의 철학사라고 보아도 큰 잘못을 범하는 것은 아니다. 사변적이고 관념적인 헤겔 철학에 왜 그토록 많은 이들이 매력을 느끼는가를 알 수 있을 만큼 재미도 있고 내용도 풍부하다. 체계적인 글 읽기에 강한 독자라면 《법철학》과 《대논리학》에 도전하고, 관념론의 정수를 맛보기를 원하는 독자라면 《정신현상학》을 펼치면 된다.

그러나 철학사의 큰 흐름을 잡기 위한 독자라면 반드시 헤겔 철학의 원전을 읽을 필요는 없다고 생각한다. 헤겔의 철학을 자신의 철학으로 재해석한 뛰어난 주석자들이 많기 때문이다. 이 점에 국한해서 말한다면, 나는 헤겔 철학 읽기는 스피노자 철학 읽기와 비슷한 방식, 곧 후세 철학의 눈을 통해서 헤겔을 읽는 것도 매우 유용한 방법이라고 생각한다. 아마 그 가운데 가장 뛰어난 주석 중의 하나는 마르크스식 헤겔 읽기일 것이다.

9. **런던**, 또는 자본주의 한복판에서 근대 기획서를 새롭게 쓴 마르크스 철학

마르크스는 위험한 철학자인가? 마르크스는 위험하지만 우리가 결코 부정할 수 없는 진실을 콕콕 짚어 준 무오류 철학자인가? 세계사적으로는 냉전 시대가 지나갔지만, 그 흔적이 아직도 남아 있는 한반도에 살고 있는 우리에게 마르크스는 지금도 신화거나 또는 타기의 대상이다. 이 책에서 바라보는 마르크스는 너나 나와 다를 바가 없는 인간 마르크스다. 그는 세계사적으로 가장 강력한 제국 중의 하나였던 빅토리아 시대의 영국 런던에서 새로운 근대 설계도를 작성했다.

그 점에서 마르크스의 '공산당 선언'은 혁명적인 광고 문안쯤으로 보면 된다. 마르크스의 《자본론》은 아주 복잡한 사회의 설계도로 보면 좋다. 《자본론》은 난해한 책이다. 그래서 쉽게 쓴 《자본론》 해설서가 수도 없이 많다. 그러나 그 대부분은 노동가치설에 잉여 노동가치실이 부가된 경제학 해설서다. 철학의 눈으로 본 《자본론》을 쉽게 든 해실시는 그다지 눈에 띄지 않는다. 그렇다면 헤겔이나 스피노자 철학에 접근했던 방식처럼 그를 오늘의 시각에서, 그리고 우리의 시각에서 새롭게 쓰는 것은 어떨까? 그래서 지금도 많은 철학자들이 마르크스 철학에 대한 주석서를 쓴다.

10. **바젤**, 또는 근대의 허구를 선언한 니체 철학

개인적으로 고백하자면 나는 젊은 시절 니체 읽기에 매료된 사람이다. 그러나 지금은 니체 르네상스라고 불리는 철학 지도에 거품이 끼었다고 믿는다. 그러나 근대 철학 지도를 독해하는 데 싫든 좋든 칸트를 외면할 수 없듯이, 근대가 지나갔다고 믿는 새로운 철학 지도를 독해하는 데 있어서 니체를 비켜 나갈 수 없다고 생각한다.

이 책에서 우리는 니체 철학을 그의 초기 저작에 해당한다고 할 수 있는 《비극의 탄생》에 주로 초점을 맞췄다. 아마 새로운 철학 지도를 그리는 일에 흥미를 가진 이들은 상당히 미흡하다고 느꼈을 것이다. 그런 이들을 위해 니체 철학의 중기 이후 주요 저작을 촌평 없이 붙인다. 《시대에 맞지 않는 생각》(1876), 《인간적인, 너무나 인간적인》(1878), 《즐거운 학문》(1882), 《차라투스트라는 이렇게 말했다》(1883~1885), 《선악을 넘어서》(1886), 《도덕의 계보학》(1887), 《반 그리스도》(1888), 《에코 호모》(1888), 《니체 대 바그너》(1888). 그 밖에 니체의 누이동생 엘리자베스가 그가 세상을 떠난 뒤에 유고를 모아 출판한 《권력의 의지》가 있다.

11. **아테네**, 또는 현재의 거울로서의 그리스 철학

그리스 철학을 읽는 것은 마치 기독교도가 《성서》를 읽는 것과 비슷하다는 생각을 한다. 아주 오래전에 있었던 그때의 사실과 그때의 말을 해석하는 것이기 때문이다. 물론 당시 기록이 남아 있다. 그러나 그 당시에 기록했던 언어와 지금 우리에게 전해지는 언어는 복사기에서 원고를 복사하듯이 동일한 것이 아니다. 그래서 어떤 형식이든 해석이 필요하다. 어원적으로 보면 지금은 철학하는 방법 중의 하나인 '해석학'은 원래 성서 해석을 연구하는 데서 나온 것이다. 그래서 고대 철학을 읽는 데는 해석학과 고고학적 방법이 원용되어야 한다.

다행스럽게도 우리에게는 플라톤이 기록한 소크라테스의 철학이 상당 부분 전해지고 있다. 흔히 《대화편》이라고 부르는 책이 그것이다. 그 중에서 가장 유명한 것이 소크라테스가 법정에서 진술한 《소크라테스의 변명》과 플라톤이 말년에 소크라테스의 입을 빌려서 이상 국가를 꿈꾼 《국가론》일 것이다. 소크라테스가 플라톤의 손을 빌려서 남긴 철학, 또는 플라톤이 소크라테스의 입을 빌려서 기록한 《대화편》은 재미있다. 중세 또는 근대 철학에 나타나는 현학적인 철학 용어가 등장하지 않아 일단 편하게 접근할 수 있다. 사실상 서양 철학은 《대화편》에서 시작되기 때문에 필독을 강력하게 권한다.

12. **로마로 가는 길**, 또는 서양의 사고 틀을 만든 중세 철학

1천 년 중세 철학에는 두 개의 큰 이정표가 있다. 첫 번째는 아우구스티누스의 《고백록》이고, 두 번째는 토마스 아퀴나스의 《신학 대전》이다. 본문에 각각의 책에 대한 성격과 읽는 요령까지 팁으로 적었기 때문에, 여기에서는 문자로 기록되지 않은 또 하나의 생각의 틀에 대한 이야기만 덧붙인다.

그것은 전설 또는 신화라고도 불리는 게르만 민족의 생각의 틀에 관한 것이다. 또 게르만 민족에 쫓겨서 유럽의 서북부, 지금의 스코틀랜드와 아일랜드, 그리고 프랑스 노르망디 지방에 정착한 켈틱족의 사고의 틀도 함께 이야기할 수 있을 것이다. 한때 니체가 열광했던 바그너 음악극은 게르만 신화를 형상화한 것이다. 〈트리스탄과 이졸데〉가 그렇고 〈니벨룽겐의 반지〉가 그렇다. 우리가 살고 있는 이 시대의 최대 베스트셀러로 꼽히는 조 앤 롤링이 쓴 팬터지 동화 《해리 포터》는 켈틱 신화가 그 밑바탕을 이룬다. 물론 《해리 포터》에 큰 영향을 준 톨킨스의 《반지의 제왕》 또한 켈틱 신화를 형상화한 작품이다. 이러한 핏줄에 기초한 사고를 문자 시대의 용어로 규정한 것이 낭만주의라고 말하면 큰 비약일까? 일찍이 러셀은 《서양 철학사》를 쓸 때 낭만주의를 계몽주의의 대척점에 놓았다.

근대의 시대가 막을 내리고, 탈근대의 시대가 온다거나 또는 이미 왔다고 진단하는 이들은 낭만주의의 도래를 이야기한다. 우리가 이번 생각의 역사에서 빼놓은 결정적인 대목이 있다면 바로 이 핏줄의 역사다. 우리가 다시 한번 유럽 철학 여행을 떠난다면 이번에는 이 대목을 크게 부각하고 싶다.

찾아보기

529